Un hijo de papel

Un hijo de papel

*La itinerancia misionera
de san Daniel Comboni*

Daniel Cerezo Ruiz, mccj

editorial
MUNDO
NEGRO

P. Daniel Cerezo Ruiz, nació en Burgos. Ingresó en los Misioneros Combonianos a los 23 años y fue ordenado sacerdote en 1981. Después de trabajar en el norte de Uganda con el grupo étnico acholi, durante seis años, fue de nuevo asignado a España, donde, de 1985 a 1991 trabajó en la formación. En 1991 fue destinado a Macau (China) para aprender el chino cantonés.

En 1998 fue asignado a Taiwán, para estudiar el chino mandarín. Los años siguientes realiza viajes itinerantes a China llevando a cabo una labor de promoción humana y formación de la Iglesia local. De 2008 a 2010 fue Provincial de los Misioneros Combonianos en España. De 2011 hasta el año 2020, continuó su trabajo misionero en Macau y China.

Ha publicado numerosos artículos sobre China, en particular sobre la situación de los cristianos y de la Iglesia católica, en varias revistas de Europa y América. Colabora mensualmente en la revista comboniana Mundo Negro. Ha publicado en la editorial Mundo Negro los siguientes libros: *Los Gritos del Sur, Salió el Sembrador a sembrar, La cortina de bambú*. También ha publicado *Pinceladas Chinas. Desde China con amor I*, y *Pinceladas chinas. Desde China con amor II*, y *Se puso en camino*.

© Editorial Mundo Negro, 2025
   C/ Arturo Soria, 101. 28043 Madrid
   Tel.: 91 415 24 12
   E-mail: edimune@combonianos.com
   www.edimune.com

© Daniel Cerezo Ruiz, mccj, 2025

Diseño y maquetación: *José Luis Silván*

ISBN: 978-84-7295-294-2
Depósito legal: M-1501-2025
Imprime: Gráficas Dehon
Impreso en España - Printed in Spain

Índice

Pág.

Introducción 7

I. Comboni, la vocacion del hombre del camino 13

    Crónica y eventos del misionero itinerante 13

    Reflexión: La impronta misionera de la Institución
    de Don Mazza 19

    Para meditar y orar 22

    La marca de la casa 23

II. El idealismo juvenil y el sueño de la misión africana 29

    Crónica del idealismo juvenil, del libro al juramento: 29

    Reflexión: La misión no se improvisa 35

    Para meditar y orar 39

    La «visita de ángeles» 40

    Frases para la posteridad 43

III. Primer viaje a África: del sueño a la movilizacion 45

    Crónica y sucesos entre la piedad filial y el seguimiento
    de Cristo 45

    Reflexión: Lazos de sangre e impacto de la llamada 50

    Para meditar y orar 57

    Los ideales de un «hijo de papel» 58

    Frases para la posteridad 62

IV. El coste de la itinerancia africana 65

    Crónica de una crisis que se vuelve oportunidad 66

    Reflexión: Los movimientos del Espíritu en medio
    de la adversidad 71

Pág.

Para meditar y orar 78

La baza del discernimiento 79

Frases para la posteridad 82

V. La inspiración carismática abre el camino 85

Crónica de una voz que martillea en el corazón 86

Reflexión: De la llamada a la llamarada 93

Para meditar y orar 100

La esperada "llamarada" 101

Frases para la posteridad 104

VI. El lado hiriente de la mision: la cruz y la soledad 107

Crónica del grano de trigo que germina 107

Reflexión: Cuando los otros no sintonizan 114

Para meditar y orar 117

La soledad del misionero itinerante 118

Frases para la posteridad 121

VII. La cruz, generadora de vida 123

Crónica del itinerante del «África o muerte» 124

Reflexión: La itinerancia deja su impronta en el camino . 132

Para meditar y orar 136

De la explicación a la implicación. 137

Frases para la posteridad 141

VIII. Itinerancia hacia la casa del Padre 143

Crónica del itinerante cuya estela perdura 144

Reflexión: Los incómodos compañeros de camino 149

Para meditar y orar 156

El último «adiós» del misionero itinerante 157

Frases para la posteridad 162

Epílogo 163

Bibliografia 166

Agradecimientos 167

Introducción

El acceso a un personaje histórico a quien se ha conocido solo por sus escritos y cartas, o por comentarios y reflexiones hechas por otros, es tarea compleja. Estas páginas pretenden acercarnos a Comboni como yo lo percibo en mi vida.

Uno puede acercarse a una figura histórica como lo podemos hacer para estudiar un fósil, con un marco histórico de pasado. Podemos también acercarnos a él por curiosidad o por el deseo de indagar en su persona, pero sin pretender que eso incida en mi vida personal, tampoco es este mi objetivo. También podemos abordarlo, con el deseo de encontrar algo con qué identificarnos, inspirarnos y dejar una puerta abierta a la novedad que puede surgir de tal encuentro. A esto lo llamo acercamiento vital.

He reflexionado y meditado varias veces, en momentos concretos de mi vida y por motivos diferentes, sobre la figura de san Daniel Comboni. Unas veces para dar charlas sobre él, otras compartiendo con otros en momentos puntuales o en momentos importantes de su vida. O incluso cuando escribí una breve biografía de diez capítulos con motivo de su canonización en 2003. El hecho de ser misionero y estar metido en las lides misioneras en contextos como España, Uganda o China, me ha llevado a beber del propio pozo de su figura y del libro *Escritos*, Daniel Comboni[1]. La última meditación sobre Comboni fue con motivo de la pandemia en 2021. Reflexionando sobre el itinerario personal y comunitario comboniano en el extremo oriente de la China profunda, fui descubriendo una característica del misionero comboniano inherente a la vocación misionera: la itinerancia.

En este libro que os presento, quiero reflejar esta característica tan propia de Dios, de Jesús de Nazaret, de sus discípulos y de la Iglesia primitiva, a cuya cadena se une Comboni en el África desconocida del siglo XIX. Su itinerancia tiene sus orígenes en los lazos familiares, que explota más tarde en los años del idealismo juvenil, y se moviliza y articula en las grandes decisiones que conllevan siempre tensiones y sufrimiento, propios de la itinerancia bíblica y misionera de todos los tiempos.

Te invito a acercarte conmigo a la itinerancia de San Daniel Comboni, no solo para ver el recorrido de su vida, sino también para poder encontrarnos reflejados en él, sentir su inspiración en el corazón y dejarnos interpelar por las características que jalonan su vida y por los modos de actuar un tanto "raros" para los tiempos que corren, pero sin las cuales la misión pierde atractivo, desparpajo y profecía. Su pasión por la misión y por los últimos, unida a una confianza ilimitada en la Providencia en medio de las cruces, nos abre un escenario irrepetible para dejarnos implicar aún más en la misión hoy.

---

[1] Daniel Comboni, *Escritos*, Editorial Mundo Negro, Madrid, 1996 (EE)

Al hacer memoria de Comboni, el misionero del camino y discípulo del Maestro, hacemos una lectura nueva de su propia historia. Nuestras vidas son como un tapiz donde se van tejiendo toda una serie de eventos, acontecimientos, relaciones, encuentros y despedidas, "*holas*" y "*adioses*", íntimamente unidos y con significados sorprendentes. Los acontecimientos de la vida de Comboni nos ayudan a comprender vivencias, interpretar sentimientos y asumir responsabilidades. El tiempo y el espacio, categorías bien explotadas por los autores bíblicos, nos invitan a releer nuestra propia historia y los acontecimientos clave que en el presente adquieren otra perspectiva.

Una invitación, pues, a hacer una relectura del propio itinerario misionero teniendo como telón de fondo la vida de Comboni. En él, vemos nuestra propia itinerancia y encontramos las claves para interpretar nuestro caminar misionero. Bucearemos en los acontecimientos, personas e intervenciones de Dios en su vida, dejando que nos hablen.

Se pueden hacer dos lecturas del libro. Una lectura plana, como suele hacerse tantas veces al hacer memoria de una figura histórica. Otra lectura puede ser la de la expectativa y la espera, dejando que esa persona histórica me hable e interpele con el mensaje y estilo de su vida, dejando que entre en mi corazón. Es decir, que, al hacer memoria de la vida de Comboni, haga también memoria de la mía.

Irás percibiendo, a través de estas líneas, que Dios tiene su plan sobre cada uno de nosotros y que no somos ignorados ni marionetas en el engranaje de un mundo donde pasan los días, no pocas veces manipulados por otros. No somos anónimos, sino que tenemos una misión concreta que desarrollar en la historia y en el sueño de Dios. Las personas que nos acompañan en nuestra itinerancia vital y los acontecimientos que surgen, condicionan más de lo que pensamos el destino de nuestras vidas. A través de la figura de Comboni, asumimos su itinerancia y la nuestra como un modo de situarnos en la vida, siempre bajo el prisma de nuestra condición de itinerantes. La vida de Comboni es una historia de amor y de alianza con el pueblo africano en un momento concreto de su historia. Ahí, precisamente, descubriremos nuestra historia como Historia de Salvación.

Abre las puertas de tu alma para que el itinerario vital de Comboni te hable. Y de lo que vayas almacenando en tu corazón puedas hacer como el zahorí, que con péndulo en mano contempla el agua nítida de los "los movimientos del Espíritu", y puedas saciar tu sed y profundizar en esas aguas, porque en ellas también hay algo para ti.

Si Jesús ha elegido la itinerancia como forma y expresión externa que acompaña su proclamación, también la itinerancia es el modo como el discípulo lleva a cabo su tarea, porque Jesús eligió ese camino. La itinerancia nos revela un mensaje en Comboni, seguidor del Maestro que tiene una identidad misionera de enviado, reconociéndole también un estilo de vida marcado por la itinerancia. Relatamos aquí el itinerario de su vida en sus gestos, sus cambios de lugar geográfico, sus encuentros con personas y sobre todo con la itinerancia de un corazón que ama a propios y extraños, a amigos y a traidores.

Los acontecimientos y encuentros que se desgranan en su vida se presentan como lugares teológicos donde Comboni percibe la presencia de Dios. Peculiar suyo es que, echando una ojeada a su vida y a sus "Escritos", podemos percibir una confianza absoluta en Dios en medio de las adversidades como si de algo natural se tratara. Una vida que nos va acercando a su último adiós, con esa rara habilidad de crecerse ante la dificultad, convencido del respaldo divino que le acompaña.

Como en el recorrido de Comboni, así también en el nuestro, se entretejen una serie de relaciones familiares, geográficas, históricas y culturales en las diferentes etapas de nuestra vida. Sale a la luz este libro que os presento, en un momento de frenética actividad sinodal en la Iglesia. Y al decir sinodal, hablamos de una Iglesia en camino e itinerante, que es tema de fondo de este compendio.

Al ir desenredando el curso de la vida de Comboni, hacemos memoria de nuestro propio itinerario y descubrimos la huella de Dios, el gozo del seguimiento, la dureza de las adversidades, los altibajos del corazón y, en definitiva, el batallar por seguir proclamando y transparentando el Evangelio en favor de los más necesitados.

I

Comboni, la vocacion del hombre del camino

Crónica y eventos del misionero itinerante

«El viento sopla propicio. Los marineros duermen bajo los palos de las velas de la *Stella Matutina*. La luna difunde su pálida luz sobre la llanura, interrumpida de cuando en cuando por formaciones rocosas que hacen estremecerse. Y es en estos momentos cuando, como un lamento, el misionero habiendo conocido el éxito y viendo ahora sus ruinas, se sume en profunda oración, en medio de estas soledades inconmensurables, cree oír la voz del Buen Pastor que busca la oveja perdida; y recobrando nuevamente la confianza espera firmemente que caigan los obstáculos con los que el poder del mal había envuelto a *África*» (EE 4948-4949). Así describía Comboni la pasión que le había movido toda su vida. En el campo de batalla y en uno de esos raros momentos de descanso en su ajetreada agenda, soñaba con un futuro de éxitos para la misión del África.

Como se refleja en la *Positio* para la causa de la beatificación de Comboni, al acercarnos al árbol genealógico de la familia Comboni, descubrimos con cierta sorpresa que originariamente, la familia de Comboni no vivió en Limone. Su familia, cuyos antecesores datan del siglo XV, era originaria de Muslone, cerca del lago Garda, entre Gargnano y Tignale. Luego la familia se trasladó a Bogliaco, de donde Luigi Comboni, padre de Daniel Comboni, emigra a la edad de 18 años a Limone, y allí se casó con Domenica Pace, natural de Limone, el 24 de julio de 1826.

Aún no ha nacido Comboni y ya hay una itinerancia geográfica, sin duda por motivos de búsqueda de trabajo, para encontrar un mejor futuro para la familia, entretejiéndose así los mimbres del árbol genealógico, con esos éxodos inesperados e irremediables, casi como una fuerza inexorable que obliga a la familia a ir itinerante para otro lugar.

Y es allí, en Limone, un lugar casi insignificante del norte de Italia, donde Daniel Comboni nace el 15 de marzo de 1831. Y si insignificante era el contexto geográfico, todavía lo era más el familiar. A parte de sus padres, pocos más se enteraron de su venida al mundo. Sus padres, Luis y Domenica, trabajaban en la finca de un rico propietario, para poder alimentar a sus ocho hijos. De ellos solo Daniel sobreviviría, los demás murieron de corta edad. Una familia pobre de bienes materiales y sin descendencia, ya que el único hijo que les quedaba, Daniel, dedicaría su vida a la noble aventura de la misión africana. Su familia escaseaba de bienes materiales no así de bienes espirituales y valores humanos, donde el pequeño Daniel recibe la fe cristiana como era la costumbre en toda familia italiana.

Comboni, ya desde niño, experimenta en carne propia su itinerancia, cuyo recorrido le lleva desde la familia a la escuela primaria de Limone. Y desde allí a salir del hogar de Limone, y emprender su formación en el seminario diocesano de Verona, durante un año. Viviría en casa de la familia Rambottini, pero visto que se quedó muy delgado, su padre decide llevarlo al Instituto de Don Mazza, el 20 de febrero de 1843. Esta fue otra itinerancia con sus consecuencias, cambios, y sentimientos que afloran, sin la capacidad para digerir tan importantes cambios en un niño de 13 años.

El colegio de San Carlos había sido fundado en Verona (Italia) por Don Mazza para niños pobres. Don Nicolás Mazza era un sacerdote con profundo espíritu misionero (1790-1865), ahora Venerable, por lo que le solían llamar "Don Congo". Allí es donde mandan sus padres al pequeño Daniel, porque no podían costearle los estudios. Una familia pobre a la que se añade la pérdida de sus hermanos a corta edad. La situación de pobreza familiar ha tenido que impactar en el ánimo de Comboni. Es una familia que se queda sin descendencia, aunque esta venga gratificada posteriormente por la descendencia espiritual de una gran familia comboniana, que perdura hasta nuestros días. ¿En qué medida estos acontecimientos familiares y traumáticos han influenciado en el espíritu y carácter de Comboni?

La situación de pobreza y las desgracias familiares por la pérdida de los hijos hace que Comboni siempre se sienta muy unido a sus padres con un amor profundo. Amor que posteriormente, irá tomando otras direcciones, como él mismo manifiesta en su homilía en la catedral de Jartum: «El primer amor de mi juventud fue para la infeliz Nigricia, y, dejando todo lo que me era más querido en el mundo, vine, ahora hace dieciséis años, a estas tierras para ofrecer mi trabajo como alivio de sus seculares desdichas. Después, la obediencia me hacía volver a Europa, dada mi endeble salud... Partí por obedecer; pero entre vosotros dejé mi corazón, y, habiéndome recobrado como Dios quiso, mis pensamientos y mis actos fueron siempre para vosotros» (EE 3156).

Acogido por el sacerdote Don Mazza, en un colegio establecido para niños pobres, pero con buenas cualidades intelectuales y humanas, Comboni entra en un nuevo mundo que va a diseñar su vocación misionera. En el Instituto Mazza, Comboni descubre poco a poco el encuentro con Jesucristo, gracias al ambiente fuertemente espiritual que allí se vive, y alcanzando posteriormente su otro amor por la Nigrizia. Todo el ambiente religioso y misionero en el Instituto va dejando en el espíritu de Comboni, esa semilla misionera, que le va haciendo descubrir los inicios de una vocación misionera orientada en principio al lejano oriente y posteriormente a África.

Se están poniendo las bases de una vocación y de un movimiento misionero que llega hasta nuestros días. Son muchos los acontecimientos, personas e instrumentos que Dios pone en su camino. Uno de ellos, particularmente fascinante, es el ambiente espiritual y misionero que se respira en el Instituto Mazza, particularmente con los misioneros mazzianos que iban y venían de África. Es una itinerancia geográfica, al ver con sus propios ojos el ir y venir de los misioneros a África. Visitas y acontecimientos que van dejando su poso en el corazón de Comboni. No pasa tampoco desapercibida la imagen del retablo de la Iglesia de San Carlos, contemplando a la izquierda del altar, la imagen de San Ignacio enviando a misión a San Francisco Javier, que será siempre su modelo misionero.

En el colegio Mazza, la vida del joven Comboni se configura paso a paso. Son los inicios de unos sueños e ideales que más tarde pasarán a ser realidad mediante pequeñas decisiones que le llevarán a la entrega de su vida por África. Entre los estudios, el juego y las prácticas religiosas vividas y encauzadas en el Instituto, emergen otros acontecimientos que van a marcar su vida. A ello se unen las cartas de misioneros que se leen continuamente a los muchachos. Todo ello crea un caldo de cultivo apropiado para que la semilla de la vocación misionera vaya creciendo en su corazón de adolescente y de joven.

A esto, se añade el ambiente diocesano de la Iglesia italiana después de la Revolución Francesa, caracterizado por una gran renovación eclesial en las diócesis de Brescia y Verona, de donde surge un fuerte florecimiento religioso que es el que vivió Comboni en el Instituto Mazza. Es un período de fuerte espiritualidad, con la creación de varios institutos religiosos. Este florecimiento de instituciones religiosas y de un renovado fervor influyó en el Instituto Mazza y en sus estudiantes.

A través de estas mediaciones, Dios va preparando el terreno abonado en una persona que después de su primera frustración misionera en África, abrirá un horizonte de esperanza en la abandonada y maltratada África Central del siglo XIX.

En el instituto se imparten valores humanos y religiosos que Don Mazza trata de inculcar en los estudiantes. Por una parte, es la gloria de Dios como fin de toda acción humana, pastoral y religiosa. Algo que se le ha pegado a Comboni; una de sus frases peculiares: «el misionero trabaja solo para la gloria de Dios» (EE 6682, 2623, 2806, 3135). Por otra parte, también hay una clara disciplina y sentido de la responsabilidad y del deber. Las reglas y la disciplina eran las del tiempo que él estuvo con Don Mazza. El aguante que soportaban las caminatas por el desierto y el espíritu de sacrificio son fruto de la formación recibida. Estos rasgos asumidos en su etapa formativa se verán reflejados cada vez con más intensidad, en sus "Escritos", en las Reglas del Instituto comboniano y en el modo de llevar adelante la Misión. Según se refleja en la *Positio super virtutibus*, en el proceso de su beatificación, Comboni entra en el Instituto Mazza el 20 de febrero de 1843, y permanece allí hasta mayo de 1867. Un tiempo suficientemente largo para moldear el carácter y el espíritu misionero del futuro obispo de África central.

Reflexión: La impronta misionera de la Institución de Don Mazza

La impronta del *árbol* genealógico

Un árbol genealógico es una representación gráfica que cita los antepasados y los descendientes de un individuo en una forma organizada, en forma de árbol o tabla. Puede incluir datos varios, aunque en el caso de Comboni no tenemos muchos de su árbol genealógico, pero son suficientes para sacar algunas consecuencias que pueden ayudar a entender mejor su vocación, sus intereses, su espiritualidad y la orientación de su vida. El árbol genealógico nos habla de las relaciones, el carácter, los rasgos y las enfermedades y los lazos familiares.

Comboni pertenece a la primera generación de los Comboni que nacen en Limone. No tenemos datos de cómo se adaptaron al lugar, aunque parece que tuvieron buenas relaciones con el párroco. El árbol genealógico es un elemento que puede ayudar a entender el presente y las relaciones interpersonales, por ejemplo, cuando se perciben reacciones difíciles por parte de algún miembro de la familia. Una vez conocido el origen de tales reacciones o heridas del pasado se puede comprender mejor las del presente.

Puede también servir, para conocer la historia familiar y los acontecimientos históricos acaecidos en su seno, saber mejor el sentido de pertenencia e identidad. Además, lo que otros familiares dijeron e hicieron puede seguir influenciando en nuestra vida. De ahí que un conocimiento básico de la propia genealogía, nos puede ayudar a relacionar puntos del pasado para mejor entender el presente. Nos auxiliará también a entender, cómo se ha llegado a tener tal carácter, vislumbrar el mundo afectivo, y encontrar claves para reconciliarse con la propia historia familiar y hacer las paces con el pasado.

20

Una adolescencia en una institución para niños pobres

La personalidad y espiritualidad del niño Comboni se va fraguando en esta época de su vida a través de personas, acontecimientos y situaciones que se cruzan en su camino –mediaciones de Dios– que van dejando una huella misionera en su corazón. Comboni se impregna de este ambiente como por ósmosis, en la formación recibida. En otras actuaciones se intuye una decisión personal, como, por ejemplo, las que cristaliza en el juramento público de su dedicación a la misión, a los pies de Don Mazza el 6 de enero de 1849.

Comboni no solo ha vivido en una institución que sabe es para niños pobres, sino que su misma situación familiar sigue impactándole con la muerte, a su corta edad, de todos sus hermanos, aunque uno de ellos viviera hasta los veintiún años, sin embargo, es razonable pensar en el impacto que haya tenido en su vida de adolescente. También, la falta de descendencia que acecha a la familia tampoco le habrá pasado desapercibida. De hecho, la primera partida para la misión va a significar un desgarro del corazón al tener que dejar a sus padres, ancianos y solos.

Tres coordenadas marcan estos primeros pasos de la itinerancia en ciernes de Comboni. Por una parte, la familia donde se evidencia una pobreza de medios materiales que le lleva, en última estancia, al Instituto Mazza. Por otra parte, es difícil diagnosticar, qué impacto haya podido tener al verse recluido en esta institución para pobres. Y, al final, su misma opción misionera en favor de los más pobres y abandonados, puede haber tenido influencia, dada su sensibilidad. Esta faceta formará parte en el Instituto Comboniano como un elemento esencial de su carisma.

Una institución con un marcado tinte misionero.

En medio de privaciones y necesidades de todo tipo, su persona e itinerario espiritual se va fraguando, marcado por la itinerancia misionera visible en los misioneros del Instituto Mazza. Así como las visitas y las cartas, enviadas desde tierras de misión, que se leían a los estudiantes, son imágenes que van conquistando el corazón del joven Comboni. La curiosidad infantil, poco satisfecha en aquellos tiempos debido a la precariedad de medios, libros, etc., sin embargo, se enriquece, a través de lo que sus ojos contemplan día a día en la capilla del Instituto Mazza. La figura de San Francisco Javier, su modelo misionero, ha podido suscitar y avivar la llama misionera que va a marcar su itinerancia africana.

El espíritu misionero que se enseña a los estudiantes conlleva una espiritualidad y disciplina propias de la época y que se respira por doquier. De hecho, estas se verán reflejadas posteriormente en las Reglas de su

Instituto Misionero Comboniano. En particular, hay dos referencias que se repetirán a menudo en el itinerario espiritual de Comboni y en sus cartas. Por una parte, la devoción a los Sagrados Corazones de Jesús y María, que estaban en un tríptico en el centro de la capilla. Ambos serán el eje central de la espiritualidad comboniana, desde la dedicación de su vicariato a los Corazones de Jesús y María. Y, por otra parte, en el altar se podía ver la imagen de San José, a quien más tarde Comboni acudirá en los momentos difíciles de la misión africana, particularmente en lo que a los asuntos y problemas económicos se refiere. A él confiaba sus oraciones, especialmente, en tiempos de carestía, así como pedía ayuda para la construcción de los seminarios que fundará para la misión africana. El descubrimiento de la vocación misionera, es ante todo una gracia de Dios, un seguir a Cristo en fidelidad y un entrar en relación íntima con Él, antes que ponerse a realizar una tarea o misión.

Para meditar y orar

1. ¿Cuáles han sido las mediaciones familiares de mi árbol genealógico, de las que Dios se ha servido para sembrar en mí la semilla misionera, y qué papel han jugado en mi vida? ¿Veo en alguna de ellas rasgos que me hayan ayudado a seguir mi camino de itinerancia misionera?

2. ¿Ha habido alguna otra mediación humana o de otro tipo, que haya sido decisiva en el itinerario inicial de mi vocación misionera?

3. Al hacer memoria de mi infancia y adolescencia, ¿qué acontecimientos y personas influyeron de forma más notoria en el desarrollo de mi vocación misionera?

Al orar, contemplo y hago memoria de mis raíces genealógicas, humanas, espirituales y materiales que fraguaron mi vocación misionera y que pusieron las bases de mi primera itinerancia, tanto a nivel individual como comunitario y eclesial.

Contemplo también los acontecimientos humanos que moldearon mis relaciones en el entorno familiar, escolar, social, etc. Echo una ojeada a los condicionamientos del contexto en que se desarrollaron los primeros años de mi infancia, las itinerancias de la casa a la escuela, de la escuela al cerco de los amigos, etc. Escucho a mi corazón y los sentimientos que afloran.

La marca de la casa

La huella que deja la herencia familiar en las personas y en los acontecimientos, tienen una importancia tal que "marca" a la persona, positiva o negativamente de por vida, tanto en su estilo de vida como en sus opciones, talante y manera de desenvolverse en la sociedad. Los psicólogos subrayan que el "nido" familiar, donde se desarrollan los primeros años de la vida, es decir el entorno del hábitat primigenio, son de una importancia tan relevante que pueden fácilmente perfilar el devenir de una persona e incluso marcar sus decisiones, el modo de afrontar los retos, gestionar sus sentimientos, asumir el bagaje cultural, o actuar de un modo determinado ante ciertos estímulos.

La importancia de conocer la propia estirpe familiar ayuda a conocer el propio tronco espiritual. El conocimiento del árbol genético nos invita a volver a los orígenes y mirar hacia atrás, reconociendo que una época familiar puede y de hecho marca las demás épocas de la vida de la persona. Es importante, de vez en cuando recuperar la memoria de los inicios. Como decía el famoso arquitecto catalán Antoni Gaudí, «para ser originales hay que volver a los orígenes». Un ejercicio en tal dirección, nos pueda llevar a comprender mejor el parentesco familiar, humano y espiritual que se establece entre las personas. Estas relaciones de parentesco espiritual no son inmutables y tienen repercusiones difíciles de evaluar en el itinerario vital de una persona. Es lo que yo llamo la "marca de la casa". Es decir, un conjunto de manifestaciones, similitudes e inclinaciones de carácter frecuentemente comunes en el entorno familiar que influencian en la vida de las generaciones posteriores según el peso de los acontecimientos vividos por cada uno. Siempre dejarán una marca, a veces imperceptible, que puede influir en la vida física y espiritual de otras personas.

De la genealogía familiar, Comboni poco a poco va a dar un salto cualitativo hacia otra genealogía, la espiritual; que como en tantas familias, ha estado siempre muy ligada a lo que podríamos llamar el escudo heráldico. Comboni enmarca en su escudo episcopal la "marca de otra casa", con la cual muchos nos hemos identificado. En su escudo, Comboni ha reflejado lo que era esencial para él y su carisma misionero. ¿Qué percibimos en su escudo episcopal? Que, de los lazos de la carne, de la sangre y del apellido, ha pasado a una transformación y cambio evidente, al cambiarse a esa otra heráldica espiritual de la familia misionera. En su escudo, Comboni refleja la pasión, el amor y la llamarada que ha experimentado en su vida, expresado en un escudo en llamas, como no podía ser de otra manera, que emergen del Corazón de Jesús, que está en la parte superior del escudo. Y también refleja, el otro polo de la misión, la muchedumbre, las gentes de África Central, que están reflejadas en la parte inferior del escudo episcopal, donde se ve también el mapa de África, el cocodrilo y el león, simbolizando el Nilo y el Desierto. Son los dos amores de Comboni que enmarcan y absorben su vida, energías, pensamientos, esperanzas y sufrimientos.

En el entorno familiar de Comboni resaltamos la itinerancia geográfica a la que sus padres se ven obligados a emigrar hasta que se estabilizan en Limone. Sin duda que Comboni escuchó alguna vez de sus padres el "aterrizaje" en Limone, que hacía poco que había tenido lugar. En esta pequeña ciudad italiana de Limone, el árbol genealógico va a entretejer los hilos de la vida del pequeño Comboni con una marcada orientación itinerante, en línea con la tradición familiar, pero con una novedad añadida, que en el árbol genealógico familiar no encuentra parangón alguno. Es decir, el itinerario vital va a estar marcado por una constante letanía de "holas" y "adioses" que marcan el itinerario de su vida. La itinerancia misionera por primera vez se añade, como novedad, en el árbol genealógico de los Comboni.

Su itinerancia, originada en los genes de sus antepasados, dará con él un salto cualitativo, pero en definitiva es desplazamiento, jalonado con una variedad de itinerancias geográficas, humanas y espirituales. Todas ellas serán enriquecidas por las mediaciones, acontecimientos y «visitas de ángeles» que fraguarán su vocación misionera, desde el prisma de un pasado de una familia de emigrantes e itinerantes. Es la misma experiencia fundante del pueblo de Israel que todo judío piadoso se precia de recitar en su oración diaria: «Mi padre era un arameo errante». Surge ahí una de las características que definen y dan identidad al pueblo de Israel y podemos decir también al Dios que le guía. Se trata de un pueblo en camino, rumbo a la promesa de una tierra prometida. Esa itinerancia de Comboni, primero en su niñez y después en sus viajes a África y por toda Europa, va a estar acompañada de itinerancias preñadas de encuentros y mediaciones humanas hasta su último adiós.

Los primeros pasos del itinerario de la vida de Comboni se llevan a cabo por otras mediaciones, además de las de su familia, hasta que personalmente haga el juramento público a los pies de Don Mazza, a la edad de 17 años. Las varias mediaciones humanas –sus padres, el entorno familiar, su párroco don Pietro Grana, Don Mazza–, tratan de sembrar en el niño Comboni el terreno apropiado para que Dios actúe y lleve a cabo el sueño de una vocación misionera única y ejemplar. Muchos otros, siguiendo sus pasos, tomarán posteriormente similares derroteros misioneros. Se trata no de una itinerancia misionera marcada por un deslumbramiento fogoso y puntual, sino más bien por un camino jalonado de acontecimientos y personas, instrumentos para la realización de su vocación misionera. Son acontecimientos aparentemente insignificantes pero que Dios encamina a su modo para guiar a Comboni, siendo el primer gesto visible de esa itinerancia la salida de la casa paterna hacia Verona.

Pero más importante aún es el encuentro real y concreto con los misioneros del Instituto Mazza que viajan y vuelven de la misión africana. No cabe duda que el contacto con ellos y la escucha de sus historias seguirán alimentando sus sueños, sin saber a dónde podría llevarle la aventura misionera de una vida más allá de los confines familiares y nacionales de la Verona de entonces. La "marca de la casa" de los Comboni nos deja visos de opciones itinerantes que luego se desarrollarán en Comboni por otros derroteros en lugares lejanos.

Bucear en el pasado genealógico puede darnos sorpresas agradables y quizás claves para entendernos mejor a nosotros mismos. En estas páginas iremos desglosando las personas y acontecimientos que tuvieron una fuerte marca en la vida de Comboni. A ellos, se unirán otros eventos de su historia con su carga afectiva, emocional y las incertidumbres y dudas en su recorrido vital. Y al recorrer el itinerario de Comboni, exploramos el nuestro propio.

Frases para la posteridad.

«Os voy a contar brevemente mi viaje a Palestina, donde estuve cerca de dos semanas. Vosotros no estabais acompañándome con el cuerpo en estos santos lugares; pero yo me hallaba siempre con vosotros con el espíritu, de modo que no avancé un paso sin que me imaginase estar con vosotros en esta peregrinación religiosa» (EE 27).

«Pero vuestra suerte es todavía mayor. Porque vuestro único hijo no solamente ha sido encaminado por vosotros para el cielo, sino que ha sido llamado por Dios a la conversión de los infieles, y por tanto a un estado en que todo se dirige a mandar al cielo otras almas que ahora se hallan en las tinieblas y en las sombras de muerte. Y este hijo, que era todo vuestro patrimonio en la tierra, lo habéis consagrado completamente a Dios, no reservando para vosotros más que el perenne sacrificio de su lejanía, e incluso de su pérdida por amor a Jesucristo» (EE 185).

«Ya veis, pues, que estamos siempre unidos entre nosotros con el corazón, aunque tantas millas alejadas con el cuerpo: hasta el punto de tener que pensar en ello para saber que verdaderamente estoy lejos de vosotros. Bendito sea el Señor, que sabe aplicar a toda llaga el bálsamo del consuelo» (EE 226).

II

El idealismo juvenil y el sueño de la misión africana

Crónica del idealismo juvenil, del libro al juramento:

En el ambiente del Instituto Mazza, Comboni vive la edad de los sueños e ideales propios de los jóvenes de aquella institución. En su adolescencia y juventud, los estudiantes vivían en un ambiente religioso y misionero muy cuidado. Hay toda una serie de «visitas de ángeles» que se manifiestan de formas variadas. Son actividades y acontecimientos que suceden, que llevan la marca de Dios y que Comboni discierne con la ayuda y bajo la guía del Instituto. Las personas, acontecimientos y situaciones que se cruzan en su camino –mediaciones de Dios– van dejando en él un poso misionero que cristaliza en el Juramento público para la Misión a los pies de Don Mazza el 6 de enero de 1849.

Hay algunos hechos de esta época particularmente relevantes, que sin duda han influido en la sensibilidad, vida espiritual y vocación misionera de Comboni. Se trata de eventos o acontecimientos, espacios y tiempos, el contexto donde él vive, sus relaciones con las personas que se encuentra en su itinerario, y las decisiones y opciones fundamentales que toma.

Así, por ejemplo, reseñamos en su adolescencia la lectura del libro de "Los Mártires del Japón", de San Alfonso María de Ligorio, que le marca profundamente. Comboni, a sus quince años, ya parece descubrir el ideal y el heroísmo de la misión en la entrega de la vida del misionero hasta el martirio. Este libro se leía con frecuencia en círculos religiosos, y en él se narraban los avatares y sufrimientos de los mártires y de los misioneros del Japón, cuya misión se entendía primordialmente como una oportunidad para dar la vida por el Evangelio. No se subrayaba tanto la pastoral o el impulso para hacer conversos, ni la evangelización como tal, sino más bien la entrega del misionero hasta dar la propia vida, finalidad con claras connotaciones martiriales. Este parece haber sido uno de los primeros momentos significativos del florecer de la vocación misionera en el adolescente Daniel. Tan es así que Comboni consideró la posibilidad de entregar su vida como misionero en el Japón. La impronta martirial quedará reflejada en las reglas del Instituto, en las que se pide a todo aspirante misionero un despojamiento total de sí mismo e incluso la entrega de su vida por la causa misionera.

En abril de 1881, Comboni escribe a Sembianti, en lo que se refiere a la educación religiosa de los aspirantes: «Hay que inflamar a sus miembros de una caridad que tenga su fuente en Dios, y del amor a Cristo; y cuando se ama de verdad a Cristo, entonces son dulces las privaciones, los padecimientos, el martirio…» (EE 6656). Habla también de ofrecer el sacrificio de su vida por el trabajo misionero, en concreto la liberación de los esclavos: «De modo que, por mi parte, estoy dispuesto a hacer cualquier sacrificio y a soportar las más duras fatigas e incomodidades –incluso me parecería muy leve y suave el sacrificio de mi sangre y de mi vida– por coadyuvar a que esta santa Obra sea llevada a cabo…» (EE 594).

El libro de "Los Mártires del Japón" narra la historia de nueve misioneros europeos y diecisiete cristianos asiáticos que murieron crucificados, quemados vivos o decapitados en una colina próxima a Nagasaki, en 1597. En los años sucesivos murieron otros 205, y durante más de dos siglos no se volvería a hablar del Evangelio en aquella región. Comboni se entusiasmó con el testimonio martirial de los misioneros y de los primeros cristianos japoneses. Había descubierto que los mártires no iban solos a la cruz, sino que caminaban con Cristo. Más tarde en los años de sufrimientos incesantes, Comboni descubrirá que solo la cruz da la identidad y el sentido profundo de la evangelización y que el desaliento ante el mal se presentará como la gran tentación del misionero. Por este tiempo también se empezaba a conocer la vitalidad de la comunidad cristiana en Corea, una Iglesia fundada solo por cristianos, sin sacerdotes.

A todo esto, conviene añadir la visita a Verona de Don Vinco, misionero del Instituto. En la iglesia de San Zenón, patrono de Verona, comparte su experiencia misionera con más de quinientos alumnos, entre ellos los del instituto Mazza. Allí expone la situación calamitosa y miserable de África Central. Al parecer, hizo tal impacto en los jóvenes estudiantes que Comboni con un grupo de compañeros se presentó a su superior para manifestarle su firme propósito de dedicar su vida a la misión de África Central. Comboni recordará más tarde aquel encuentro con Don Vinco que «encendió en ellos la llama de esa caridad divina que impulsa a seguir el camino de la entrega total y del sacrificio por la salvación de los infieles» (EE 2044).

El entusiasmo misionero en el colegio San Carlos de Don Mazza se intensificó por la fiebre misionera propia del siglo XIX con el resurgir de institutos, sobre todo misioneros, y el impulso que dio el Papa Gregorio XVI a la Misión en los diferentes continentes. Él pretendió enraizar el Evangelio sobre todo en India y en China, y ordenó en 1845 que se preparara a «cristianos negros, amarillos y de cualquier color» para ser también ellos sacerdotes y obispos de sus Iglesias locales, igual que los europeos lo son de las suyas. Comboni sintoniza con la corriente misionera del tiempo, pero había que dar pasos concretos para que el sueño de su vida se hiciera realidad. El gesto concreto, de una heroicidad propia de un alma joven y apasionada por la misión, no tardaría en llegar.

El envío de misioneros a África, es sin duda otra «visita de ángeles» que hay que reseñar en la historia juvenil de Comboni. Para Don Mazza, los misioneros tenían que ser santos y capaces. Comboni lo ve con sus propios ojos, cuando todavía estudiante, ve partir a Don Vinco, sacerdote del Instituto Mazza, para la misión africana. Había ido con otros misioneros a llevar el Evangelio de Jesús a aquellas tierras desoladas. Vinco enviaba a menudo cartas desde África al colegio "mazziano" que eran leídas a los estudiantes. En ellas narraba con viveza la situación de miseria, esclavitud y tiniebla en que se encontraban los africanos. Tales cartas impactaron profundamente a Comboni y su corazón comienza a latir por los pueblos de África. Ve también a otros misioneros mazzianos como Melotto y Castagnaro que viajan a Venecia a estudiar el árabe como preparación para su partida.

Otro elemento conocido y en el que se ve envuelto Comboni en su juventud son los africanos muchachos y muchachas, con los que convivió en Verona, rescatados de la esclavitud por Don Olivieri (1792-1864), el cual había fundado en Génova, para tal propósito, la "Obra para el rescate de las muchachas negras". Posteriormente, Olivieri se encuentra con Mazza a quien agrada la idea y forma un plan en la misma línea de recoger y formar muchachos negros. Las primeras africanas llegarán al colegio, en septiembre de 1851, junto a tres muchachos árabes que irán al colegio San Carlos, según relata Juan Manuel Lozano, en su libro: Daniel Comboni, misionero y profeta[2] .

Conviene resaltar la presencia de jóvenes africanos en este periodo formativo sacerdotal de Comboni en el seminario de Verona. Comboni ya se orienta hacia un cierto interés por el mundo africano y comienza el aprendizaje de las lenguas. Particularmente, estudia la de su amigo el ex esclavo Bajit Caenda, con quien se encuentra en 1848, según escribe en sus cartas (EE 276 y 3285). Rescatado de la esclavitud, de la etnia nuba, Caenda, ayudaba en la casa de los condes de Miniscalchi. De él escuchó las dolorosas vicisitudes de los

---

[2] Juan Manuel Lozano, *Daniel Comboni misionero y profeta*. Pag. 26. Editorial Mundo Negro, Madrid, 1995.

pueblos de África, admirando en él, a su vez, la profunda religiosidad. Su relación con algunos africanos y la presencia de las muchachas africanas que antes mencionaba, ha tenido sin duda alguna, su impacto en el joven Comboni. De alguna manera Comboni ya está directamente relacionado con el mundo africano, sobre todo después del juramento. Comboni vive, comparte y escucha de los jóvenes africanos las penurias de la esclavitud en África y sus esperanzas y sueños, y también las experiencias de los misioneros que volvían de África y compartían sus vivencias con los seminaristas. Ahora tiene delante de él africanos con los que se relaciona.

En 1851 habían llegado los primeros africanos liberados de la esclavitud al colegio de San Carlos. Comboni ve cómo niños y niñas africanos son recogidos en el Instituto Mazza. Se pretendía que recibieran una buena educación y fueran instruidos con una fe sólida y a la vez con el aprendizaje de una profesión conveniente y apropiada, para satisfacer las necesidades encontradas en la misión africana. Y, después de su preparación, podrían volver a África e irradiar el Evangelio. Algunos de aquellos jóvenes africanos llegaron a ser sacerdotes.

Otro acontecimiento decisivo y más formal, por su compromiso concreto y específico, es el juramento solemne para la misión. Tal decisión misionera, cristaliza en enero de 1849, día de la festividad de la Epifanía, fiesta eminentemente misionera, cuando Comboni y un grupo de compañeros hacen el juramento solemne ante Don Mazza, de dedicar toda su vida como misionero a la evangelización del África negra. Estudiaba filosofía y ya había tomado una opción definitiva en su vida y su orientación africana, como misionero. Nos lo relata el mismo Comboni treinta años más tarde: «Fue en enero de 1849 cuando yo, aun estudiante de 17 años, postrado a los pies de mi venerado superior Don Mazza, prometí consagrar mi vida al apostolado del África central; y con la gracia de Dios no he incurrido en infidelidad a mi promesa. Entonces empecé a prepararme para esta santa empresa» (EE 4083 y 4797). De hecho, comienza a prepararse para su misión no solo espiritualmente, sino también estudiando árabe, medicina y otras materias relacionadas con la futura misión, orientando así sus sueños, energías y planes para la Misión. Años después, Comboni se referirá a este momento como su «profunda, antigua y extraordinaria vocación» y en los momentos de crisis hará referencia a él.

Reflexión: La misión no se improvisa

En la edad de los grandes sueños e ideales, el corazón de Comboni se va orientando hacia la misión, en un primer momento hacia el Japón, y más tarde hacia África. No cabe duda de que, en algún momento de su juventud, la posibilidad real de tener que abandonar a sus padres, ha tenido que rondar por su cabeza. La espiritualidad "mazziana", a su vez, con la referencia al Corazón de Jesús continúa reavivando el fuego del juramento de un corazón conquistado por el Corazón de Jesús y la misión.

Don Mazza se desmarca y distancia de la mentalidad europea del tiempo que etiquetaba a los africanos con prejuicios racistas. Por el contrario, apuesta y cuenta con los africanos, trabaja por ellos e invierte energías sin parar, para la liberación de los africanos afectados por la hiriente esclavitud que asolaba África y cuya tarea retomará Comboni a la vuelta de su primer viaje a África.

La itinerancia geográfica es importante, y el joven Comboni ha dado algunos pasos en tal dirección en este periodo, pero sin duda comienza a pensar en dar otros pasos más radicales con la apertura de su corazón a otras personas y ambientes. El contacto con personas y eventos durante su formación juvenil y los contactos con los misioneros en el seminario de San Carlos van sembrando el espíritu misionero. Hasta que un día manifieste su única pasión: la misión africana. Hay varios hitos que jalonan y van puliendo ese futuro que no se improvisa.

En primer lugar, la vocación misionera es una llamada gratuita de parte de Dios, pero su acogida y crecimiento no se improvisa. Es decir, conlleva una preparación exhaustiva y una orientación absorbente. En el libro de la misión del Japón, se resalta, no tanto la itinerancia misionera cuanto la total donación y entrega mediante el martirio. El misionero no hace una opción expresa por el martirio, pero el hecho de que viva en contextos de persecución e inestabilidad, hace que el martirio sea una realidad que acabe con su vida con un adiós doloroso por causa del Evangelio. En muchos momentos, como iremos viendo, podemos tildar a Comboni como de "mártir viviente" por causa de la misión africana, donde todo tipo de privaciones, enfermedades y calumnias se le imponían de forma demasiado frecuente y cruel.

La orientación de la vocación misionera de Comboni requiere una preparación exhaustiva. Comboni comienza a orientar todo su quehacer, sus estudios e intereses en una única dirección. En este sentido, podemos decir que su corazón comienza a estar centrado en aquello para lo que siente que será la orientación de toda su vida. Comienza a abrirse a los interrogantes y retos que la agenda de la Misión le iba revelando a través de las circunstancias concretas y los acontecimientos, a través de los signos de los tiempos y del caminar eclesial y también del Instituto de Don Mazza. Ello requiere una apertura y disponibilidad para hacer las maletas para ir a otro lugar y otro contexto cultural, hacia nuevas situaciones y responsabilidades que requieren, a menudo, un volver a nacer de nuevo.

Comboni se había enamorado de África y se sentía como el Buen Pastor enviado en busca de la oveja perdida, ya expresado en el juramento realizado. A partir de aquel momento, su corazón y su mente se centran en la misión africana y a ello dedica e invierte todas sus energías. Deja por el camino su "todo" para centrarse en el "todo" de Dios, que Jesucristo exige a sus discípulos. Tal juramento tiene un valor espiritual decisivo y tan es así que en varias de sus comunicaciones a amigos y bienhechores y en sus informes a las Asociaciones Misioneras con las que se relaciona, comenzará a contar los años a partir de la fecha en que realizó el juramento.

El objetivo de la misión de Comboni, a partir de su juramento formal, será el mismo: «el Padre y la muchedumbre». La misión se le comienza a presentar como el punto de enganche entre los dos polos de la vocación misionera en el seguimiento de Cristo: el Padre y el pueblo, la gente, que en el tiempo histórico de Comboni era la «desdichada *Nigrizia*». Se trata de una vida entregada al servicio de la misión africana. Ese "todo" antes mencionado atrapa a Comboni de un modo pasional, pero aún hay que dar más pasos concretos para su realización. En definitiva, en la vocación misionera uno se despega de las ofertas continuas de la sociedad, que intentan apoderarse del corazón humano. Se trata, pues, de sentir que toda la vida gira en torno a una única pasión. El resto, queda subordinado a la tarea misionera que conlleva actividades varias, estudios, aficiones e intereses centrados con exclusividad manifiesta en la misión: «Lo dejaron todo…y le siguieron» (Lc 5, 11).

Las mediaciones de Comboni

Pero las mediaciones humanas o «visita de ángeles» no son tan evidentes en la vida del futuro misionero en su itinerario vital, las mediaciones están siempre presentes, unas veces son discretas y otras más espectaculares. Ya hemos visto algunas en su juventud. Y aquí juega un papel fundamental el discernimiento, a través del cual las mediaciones son hitos que jalonan la realización de la voluntad de Dios. Así, Don Vinco puede ser la palabra y el testimonio que motiva e inspira, como sucede en el testimonio dado a los estudiantes del San Carlos y a las muchachas de Vía Canterane. Don Mazza, por otra parte, se antoja como el instrumento de Dios para poner los pilares de una espiritualidad requerida en aquellos tiempos para la misión africana. Y, aunque Don Mazza sabía que él no pisaría terreno de misión debido a su precaria salud física, sin embargo, rezumaba espíritu misionero.

La lectura del libro de los Mártires del Japón, a su vez, despierta en él la entrega total hasta dar la vida, si fuera preciso, por la causa misionera. Algo habrían vislumbrado los responsables del joven Comboni en el Instituto de Don Mazza para que se le permitiera hacer tal juramento a tan corta edad. Comboni al recordar este momento significativo, así se lo refiere al cardenal Alejandro Franchi, en el Informe General sobre el Vicariato Apostólico de África Central, el 15 de abril de 1876: «Fue en enero de 1849 cuando, siendo estudiante de filosofía, a la edad de 17 años, juré a los pies de mi venerado Superior D. Nicolás Mazza consagrar toda mi vida al apostolado de *África* Central –juramento al que, con la gracia de Dios, nunca he faltado por el variar de las circunstancias–, y desde aquel momento sólo pensé en prepararme para tan santa empresa. Así en 1857, cuando culminaba el primer período de la Misión, fui enviado con otros compañeros sacerdotes a Jartum y a las Estaciones del Nilo Blanco, donde entre las más duras pruebas me vi más de una vez al borde de la tumba» (EE 4083).

Para meditar y orar

1. Una ojeada al itinerario de mi vida. ¿Me he encontrado alguna vez atrapado o inmovilizado por algo o alguien que de alguna manera paralizó y frenó

mis sueños misioneros, o por el contrario me dio fuerzas difíciles de describir?

2. ¿Soy una persona centrada del "todo" en la misión y cuyas energías, proyectos y sueños no tienen otra pasión que la misma? O, ¿tengo varios frentes que se rifan mi corazón, a veces partido y repartido?

3. ¿Qué es lo que de verdad apasiona mi corazón en este momento de mi vida?

Al orar, echo una ojeada y hago memoria de los ideales que empezaron a rondar en mi corazón en los años de mi adolescencia y juventud, de los libros que me fascinaban, de las aficiones que me encantaban y de los sueños e ideales que pululaban por mi mente. Empiezo a entrever, en ciernes, algunos rasgos discretos o deslumbrantes de aquel germen que Dios empezaba a sembrar en mí y que después ha seguido hablando a los otros de Él, a través de mi vocación misionera.

La «visita de ángeles»

La vocación misionera está siempre marcada por mediaciones que la acompañan, alimentan y guían, aunque, a veces, pasen desapercibidas. En el caso de Comboni, tales mediaciones han jugado un papel relevante en su opción misionera de por vida. Las mediaciones o «visita de ángeles», orientan la vocación misionera de Comboni, que fructifica y cuaja en la entrega de una vida por la misión africana, más allá de las propias fuerzas y del entorno social, cultural y familiar.

En definitiva, abriéndose a la fraternidad universal y transparentándola con acciones concretas.

A parte de su ambiente familiar marcadamente religioso y de su positiva relación con su párroco, Don Pietro Grana, su primer hito en el itinerario misionero, tiene lugar en el desplazamiento de Limone a Verona, al Instituto de Don Mazza, que vibra y rezuma la misión africana, que le abre horizontes y es el ambiente que va a marcar la orientación de su vida para la misión. Las mediaciones, en forma de acontecimientos, personas, visitas, viajes, etc., que se realizan y pasan por la retina de sus ojos se convierten en «visita de ángeles» con mayor o menor incidencia. Estas llegan, habitualmente sin programación alguna, por parte del Espíritu del Dios que sorprendente, a través de los misioneros "mazzianos" que iban y volvían de África y que hablaban a los estudiantes de las experiencias vividas.

Otra mediación que orienta su vida a la misión es la lectura del libro "Los mártires del Japón". Este libro tendrá fuertes repercusiones en la espiritualidad comboniana, subrayando el martirio y la entrega de la vida hasta el final como requisito para el aspirante misionero. La entrega sin condiciones hasta el final respalda su espiritualidad y genera un movimiento de personas que siguen dando su vida por los más pobres y abandonados. Es una «visita de ángeles» en el camino del misionero itinerante que Comboni ha sufrido en carne propia y que ha encarnado en su vida, siendo un "mártir viviente" por la causa africana.

Todas las mediaciones anteriores eran externas a él y no comprometían a su persona. Cuando tiene que involucrarse y pagar de persona es cuando todo cambiará. Da un primer paso formal con el juramento público a la edad de diecisiete años, orientando su vida en una única dirección: la misión africana. Esta será la única finalidad de su vida.

La radicalidad de la vocación misionera de por vida y en contextos fuera del propio terruño cultural, familiar e incluso religioso, conlleva sus implicaciones y costes. En una sociedad líquida y rellena de relativismo como la actual, donde no parece haber decisiones de por vida, prueba que el lugar en que uno crece y madura deja una impronta imperecedera en las personas, también en el misionero. Habrá que exceptuar, quizás, ciertos tipos de "turismo misionero", propio de una sociedad donde la idolatría de la eficacia y la dictadura de las gratificaciones inmediatas impera a sus anchas, dictando las pautas de actuación en no pocos jóvenes con sentimientos altruistas. Son manifestaciones misioneras que pueden conllevar cierta dosis de consumismo personal. A ello se une un marcado individualismo que, a veces, prevalece por encima del mismo Dios, que encuentra dificultad para encontrar espacio en el corazón de personas atrapadas por la sociedad del bienestar. No falta, y ello corrobora que Dios sigue actuando, para que siga habiendo jóvenes entregados, aunque para orientar y vivir su vocación necesiten desparpajo y talante "salmonero" para ir a contra corriente de la sociedad.

Al hablar de «visita de ángeles», me refiero a esas mediaciones que Dios pone en la vida del misionero, en este caso de Comboni, y que van desde los acontecimientos positivos o negativos que suceden en su vida, hasta las personas, los "reveses" del día a día, las noticias y eventos locales o mundiales. Son luces y voces, sorprendentes, aunque las más de las veces más bien discretas. Obviamente, la fe es un elemento esencial para descubrir esa presencia de Dios que actúa en medio de la opacidad de los acontecimientos. De hecho, otros podrían interpretarlo como cosas del destino, casualidades chistosas o coincidencias baratas. De ahí la necesidad de aprender a escuchar y comprender los mensajes de la «visita de ángeles» a través del ejercicio magistral y complejo, del discernimiento en esa cita diaria en la oración, con el Maestro.

Frases para la posteridad

«Eso sí, una vez que haya resuelto los dos problemas mencionados, tengo decidido irme; pero la idea de la pena de mis padres, del aislamiento en que se encontrarán, eso es lo que me conturba. Yo no le tengo miedo a la vida, ni a las dificultades de la Misión, ni a ninguna otra cosa; más en lo que respecta a mis dos viejos, me echo a temblar. Así, en tal incertidumbre y consternación de ánimo, he decidido hacer los ejercicios para implorar la ayuda del Cielo. Si abandono la idea de consagrarme a las Misiones extranjeras, soy mártir para toda la vida de un deseo que nació en mi alma hace más de catorce años, y que fue siempre creciendo a medida que conocí la sublimidad del apostolado» (EE 6).

«Esta mañana hemos celebrado la ceremonia de la salida para *África* con nuestra despedida de los diversos grupos del Instituto. D. Beltrame cantó misa, D. Melotto hizo de diácono, yo de subdiácono, D. Dalbosco de maestro de ceremonias, y D. Oliboni pronunció el discurso: fue un acto emocionante que hizo que se nos saltasen las lágrimas a todos nosotros, e incluso a algunos amigos del Instituto que intervinieron» (EE 18).

44

«Yo sólo dispongo de una vida que consagrar a la salvación de aquellas almas: quisiera tener miles de ellas para consumirlas en ese fin. Por tanto, hasta el último suspiro, nunca dejaré de suplicar a V. Em.a y a esa Cátedra de Pedro, donde tienen su asiento la verdad, la caridad y la preciosa herencia de nuestro adorado J. C. Salvador del género humano, que dirijan piadosos la mirada hacia los cien millones de almas que pueblan las inmensas regiones de *África* Central, y sobre las que pesa todavía el terrible anatema...» (EE 2271).

III

Primer viaje a África: del sueño a la movilizacion

Jesús, como todos los grandes itinerantes bíblicos, ha experimentado su propio "éxodo". Su recorrido comienza con su salida del Padre y su venida a la tierra como el Enmanuel (Dios con nosotros), donde tuvo que desligarse de las tentaciones que todo éxodo conlleva. Las tentaciones de la exaltación de la muchedumbre, de los familiares e incluso de los propios discípulos que pretendieron a menudo desviarle del camino marcado por su Padre Dios. También experimentó la tentación de la soledad, al final de su vida, cuando se queda prácticamente solo. La cruz y sus palabras son reveladoras: «¿Padre, por qué me has abandonado?» (Mt 27, 46). Por ese amor hasta la muerte y su fidelidad a la voluntad del Padre, este también lo exaltará, concluyendo en la cruz su itinerario terrenal, pero retornando como Resucitado a la derecha del Padre.

Crónica y sucesos entre la piedad filial y el seguimiento de Cristo

Aunque la vocación de Comboni para la evangelización de África parecía seguir sus cauces normales, sin embargo, el hecho de su posible partida a África comienza a crearle incertidumbre y un cierto torbellino interior. En 1854 Comboni, con 23 años, es ordenado sacerdote y enviado a Buttapietra (Verona) por tres años, realizando tareas caritativas con los enfermos de cólera. Allí desarrolla una tarea pastoral de atención a la humanidad herida, que posteriormente será un elemento importante en su vida misionera.

En 1857 Don Mazza organiza una nueva expedición misionera a África, con un grupo de cinco sacerdotes, entre los que está Comboni, ya con 26 años. Aparentemente todo va bien, pero hay un escollo grande que le sobrecoge y que puede frenar el sueño de su vida, la situación en que quedarían sus padres si él parte para África. En los últimos años habían muerto todos los hermanos de Comboni, causando el consiguiente impacto familiar. El solo hecho de pensar en partir dejando a sus padres solos, crea en él una situación de crisis y tensión interior que él mismo no duda en calificar de «drama, lucha universal, martirio, y terror». Y aquí se presenta con fuerza la disyuntiva de dejar solos a sus padres e integrarse en la misión, o abandonarla por lo menos hasta la muerte de estos. Comboni entra en una noche oscura nunca antes experimentada.

En carta a su párroco Don Pietro Grana, le habla de una «turbación que ahora agita mi espíritu" (EE 3). Le comenta el compromiso que hizo a los 17 años, de dedicarse a la misión de África Central, con su juramento ante Don Mazza. Mismamente al celebrar la misa, manifiesta la gravedad de la situación por la que pasa, hasta tal punto de resultarle imposible distanciarse de su familia «sin cuya resolución yo no me decido ir a la Misión» (EE 3). Por una parte, le aterra «la preocupación de abandonar a mis pobres padres, que en este mundo no han tenido otro consuelo que el de un único hijo…». Y, por otra parte, «la otra dificultad es que quiero que antes de mi marcha se les asegure a ellos una cómoda existencia, la cual yo obtengo con la liberación total de toda deuda», (EE 3). A lo largo de su vida, Comboni se referirá a estos momentos con un vocabulario que muestra la tensión y desgarro interior que vivió. Habla de «gran desconcierto…, esta incertidumbre…, la turbación que ahora agita mi espíritu…, me asustan dos graves dificultades…, los dos problemas mencionados…, incertidumbre y consternación de ánimo…, me quedo aterrado…» (EE 3) En esta encrucijada, los misioneros del Instituto y el P. Mariani en particular, juegan un papel fundamental. En medio de esta oscuridad por la situación de sus padres, pone un poco de luz y esperanza el completo apoyo que encuentra, al confirmársele su vocación misionera. A ello se referirá en momentos clave de su vida: «Si abandono la idea de consagrarme —decía— a las misiones extranjeras, soy mártir toda la vida de un deseo que nació en mi cuando tenía 17 años…Si abrazo la idea de las misiones, hago mártires a mis pobres padres» (EE 6).

La hora de la partida fue un momento de prueba, sufrimiento y discernimiento que purificó su vocación misionera. Comboni responde a su incertidumbre desde la oración, con la ayuda de personas de su entorno y a través de la escucha. La paz y serenidad vuelven a su corazón durante los ejercicios espirituales, en los que ha discernido su futuro y la situación de sus padres. Posteriormente busca el modo de que sus padres no queden desatendidos. El signo que muestra que Dios acompaña a quien envía, incluso en el momento de fuerte crisis interior, es la ayuda de un primo suyo que tomará cuidado de sus padres.

El discernimiento eclesial es para Comboni mediación de la voluntad divina. La partida, que corrobora la idoneidad y coherencia de la vocación misionera, fue un momento especialmente doloroso para su madre. Comboni es consciente de que no puede dejar a sus padres abandonados a su suerte y trabaja infatigablemente para buscar ayudas para pagar las deudas familiares y dejar tranquilos a sus padres, al menos en lo que a su situación económica se refiere. Una vez solucionado este problema, su sueño comienza a vislumbrarse: «quiero dejar pagadas todas las deudas; si no, renuncio a África». Consiguió lo que deseaba, pero faltaba convencer a sus padres, para lo cual recurrió a su párroco y a sus amigos. Según Grancelli, en su biografía *Monseñor Daniele Comboni e la missione dell'Africa Centrale*, del año 1922, relata que cuando Comboni desde África envía una foto a sus padres, su madre, al recibirla, muestra una cierta decepción, grabada en la frase que habla por sí sola: «De ocho hijos que el Señor me dio, ¡solo me he quedado con uno de papel!» (Grancelli, pág. 17).

El discernimiento es un ejercicio espiritual que Comboni realiza en muchos momentos de su vida y es fundamental para vislumbrar la voluntad de Dios. Pasa por momentos de tensión interior, pero las mediaciones eclesiales ponen luz y orientan su vocación misionera. Tan es así que lo que parecía tiniebla se convierte en luz. Una luz que seguirá iluminando a Comboni el resto de su vida, según él mismo manifiesta: «Lo que me hizo no dejar de ser fiel nunca a mi vocación –dice Comboni– lo que me mantuvo el coraje de seguir firme en mi puesto hasta la muerte, o hasta diferentes decisiones de la Santa Sede, fue el convencimiento de la seguridad de mi vocación; y esto siempre porque el P. Marani me dijo el 9 de agosto de 1857, después de un maduro examen: su vocación para las misiones de África es una de las más claras que he visto» (EE 6886). Mientras llega el tiempo de la partida, Comboni continúa su preparación para la Misión llevando a cabo algunos estudios básicos de medicina general y el estudio de lenguas de África Central. Mientras tanto, le llega a Don Mazza, el permiso de Propaganda Fide a para poder enviar misioneros a África Central.

El éxodo y la itinerancia son inherentes a la vocación misionera. Comboni, en camino hacia África, pasa por Egipto, Tierra Santa y Jartum, hasta llegar a la misión de Santa Cruz, después de haber viajado en camello por el desierto de Nubia durante cuarenta días. Enseguida, los misioneros se adaptan a la realidad africana, estudian la lengua indígena, practican todos los oficios que saben para sobrevivir y poco a poco se ganan la confianza de la gente. A pesar de las infinitas dificultades, Comboni escribe a sus padres desde la misión de Santa Cruz: «Tendremos que fatigarnos, sudar y morir, pero la idea de que se suda y se muere por amor a Cristo y por la salvación de las almas más abandonadas del mundo es demasiado dulce

como para que podamos desistir de la gran empresa»
(EE 297).

Desde la itinerancia de la familia de sangre, pasa
a la adhesión a la nueva familia eclesial, que en aquel
momento histórico suponía el alejamiento físico de
sus padres y el encuentro familiar con los africanos.
La itinerancia geográfica ahora da un salto cualitativo, pues este largo éxodo geográfico, tiene lugar desde
septiembre de 1857, hasta llegar a Jartum el 8 de enero de 1858.

Reflexión: Lazos de sangre e impacto de la llamada

La itinerancia misionera implica romper muros y
abrir caminos. Comboni se encuentra con no pocas
dificultades hasta realizar el sueño de la misión africana. Ha sentido la llamada, ha discernido que Dios
le llama a la misión, pero hay que responder a la llamada y hacerlo visible a través del envío. Es éste el
que da credibilidad a la vocación misionera, efectivo y
concretizado con la itinerancia. Y, lo mismo que Dios
escoge al pueblo de Israel, un pueblo itinerante por
el desierto, así también a través de Comboni, Dios se
acerca a los más abandonados en aquel momento de
la historia en África Central.

Comboni vive la Misión con el alma en el Corazón Traspasado de Cristo Buen Pastor, y descubre que
Dios está presente y acompaña a aquel a quien envía
a una misión. Pero hay que realizar el éxodo cultural
y familiar que humanamente más bien le aconsejaba
una cierta prudencia e incluso la renuncia a la misión.

La tensión entre los lazos de sangre y la llamada misionera

Comboni vive el envío del Instituto Mazza a la misión africana como el inicio de una itinerancia misionera donde la cruz se hace presente. El apóstol de África Central la percibe como compañera de camino, hasta que poco a poco él mismo acuñe la frase memorial de que «las obras de Dios nacen al pie de la cruz» (EE 2613 y 3833). Es el comienzo de algo que se va a repetir muy a menudo en su vida. La itinerancia y la cruz van a ir a la par, corroborando así el axioma de que no hay vocación misionera sin una buena dosis de cruz.

Ello prueba, por otra parte, la coherencia en el seguimiento de Cristo. La itinerancia misionera no es una aventura o una hazaña, sino que conlleva incertidumbre y sufrimiento, marcados, en este caso, sobre todo por la separación de los padres. Su partida se hacía aún más hiriente porque algunos la considerarían escandalosa al ver con ojos meramente humanos el momento de la partida, y el dejar a los padres en tal situación. Sentimiento que Comboni expone a su párroco Don Pietro Grana: «debo esperarme la maldición de quien conoce mis circunstancias familiares y piensa como el mundo…» (EE 8).

La partida para África por primera vez, marcada por la separación, evidencia la cruda realidad de la soledad de sus padres, y la angustia que se creaba en el interior de Comboni por la misma razón. Volvemos a repetir así otro de los axiomas en la vida de Comboni que aparece con asiduidad: Dios acompaña a aquel a quien envía. Comboni más tarde repetirá,

51

en palabras del único biógrafo que vio a Comboni en su vida, Grancelli, que su itinerancia geográfica conlleva motivaciones muy diferentes de aquellas de los mercaderes, los compradores de esclavos, los soldados, los aventureros o los exploradores. En su Plan para la Regeneración, Comboni vuelve a subrayar las actitudes propias del envío misionero, lejos del «miserable prisma de los intereses humanos a la luz de la fe» (EE 2742).

En el torbellino que se cuece en su interior, entre el amor filial y el amor a la misión, aconsejan a Comboni "el ejercicio del discernimiento" sobre la situación. El seguimiento de Cristo visible en la vocación misionera es siempre, como sucede en el Evangelio, un momento rompedor de la circularidad en que vive la persona humana, atrapada a menudo en su autonomía personal y a merced de su yo egolátrico. Hay que tomar una opción y apostar por el TODO, aunque sea dejando de lado algo tan sensible, querido y humano como es el entorno familiar. El "sígueme" del Maestro desemboca en una respuesta activa rápida y totalizante: «lo abandonaron todo y le siguieron» (Lc 5, 11). En Comboni, hay un salto doloroso desde la circularidad del entorno familiar a la solidaridad y apertura al otro: «Yo no le tengo miedo a la vida —dice Comboni— ni a las dificultades de la Misión, ni a ninguna otra cosa; más en lo que respecta a mis dos viejos, me echo a temblar. Así, en tal incertidumbre y consternación de ánimo, he decidido hacer los ejercicios para implorar la ayuda del Cielo. Si abandono la idea de consagrarme a las Misiones extranjeras, soy mártir para toda la vida de un deseo que nació en mi alma hace más de catorce años, y que fue siempre creciendo a medida que conocí la sublimidad del apostolado» (EE 6).

De una u otra manera, el discípulo y tanto más el misionero pasa por momento de tiniebla y de duda. Son hitos que no están en su agenda, pero que surgen espontáneamente y que trastocan los planes del enviado. Son momentos que hay que afrontar desde un doble punto de vista. Por una parte, es necesario discernir y leer bajo la guía espiritual de alguien cualificado lo que está sucediendo. Y, por otra parte, como dice San Ignacio y comenta el Papa Francisco en tantas referencias que hace del discernimiento: «En tiempos de tribulación, no hacer mudanza». Es decir, que en medio y de la tiniebla y la oscuridad no se puede escoger el camino que no se ve, basta con permanecer en el Señor y no desviarse de la vía ya trazada.

La respuesta a la llamada de la vocación se realiza sobre todo a través de la oración. Comboni responde con los ejercicios espirituales y la escucha de Dios. Como dice el Papa Francisco, la oración genuina nos adentra en el corazón de Dios y en su intimidad para conocer su voluntad. En la oración acogemos con confianza los designios de Dios. Las decisiones dolorosas comienzan a marcar el camino de la búsqueda de la voluntad de Dios a través de la opacidad de las estructuras eclesiales y humanas. El itinerario espiritual comienza a curtirse, y la cruz sigue presente e ineludible desde siempre.

Las crisis en el ámbito misionero, pueden tomar una doble dirección: el seguimiento del Maestro, aceptando la cruz como oportunidad para el crecimiento, o el abandono inevitable. La crisis se transforma, si la sabemos manejar adecuadamente, en una invitación para intuir, aunque en medio de la inseguridad y de la confusión, la presencia de Dios.

También será precisa y necesaria la escucha de la Palabra de Dios. Una lectura contemplativa honesta y abierta de la Palabra nos ayuda a reconocer –como dice el Papa Francisco– «la voz de Dios y a distinguirla entre otras voces, que parecen imponerse a nuestra atención, pero que al final nos dejan confundidos». La tarea del discípulo, no pequeña, es estar dispuesto a esa escucha en medio del torbellino interior que desorienta y apaga la esperanza.

En el itinerario espiritual del discípulo, nada ni nadie es ajeno a Jesús, pero hay obstáculos y trabas que requieren vigilancia y lucidez cuando aparecen los engaños escondidos. Toda decisión importante en la vida misionera comporta gozo, pero también su dosis de temor e incertidumbre. Es algo muy natural, que forma parte de la fragilidad de la condición humana, la de querer tener bien atados todos los cabos. Pero Dios es sorprendente. Si solo hubiera gozo, hablaríamos de una cierta ilusión, un tanto irreal y hasta casi inhumana que no es aconsejable. Y, si solo hubiera temor, entonces sería mejor abandonarlo todo ya que una decisión para toda la vida no puede estar ni encerrada ni cimentada en el temor o la duda, permanentemente. El discernimiento que hacía Comboni, junto con momentos fuertes de oración y la ayuda de otras personas, se revelan como instrumentos de la acción divina y de la mediación eclesial.

Este momento en la vida de Comboni muestra que la vocación misionera es una realidad dinámica, no estática, y que va creciendo a lo largo de la vida, en el encuentro con las mediaciones humanas encarnadas en los acontecimientos, las personas, los detalles y las diversas realidades del camino. La vida misionera es un caminar que nunca acaba. Desde la lectura de los Mártires del Japón y probablemente antes, con la partida de Don Vinco a África, en el corazón de Comboni ya se ha estado gestando la semilla de la vocación misionera, que en los meses previos a la partida para África se manifiesta más que como una llamada como una "llamarada" fogosa de la confirmación de la voluntad de Dios.

El misionero, al hacer memoria de las varias itinerancias geográficas y espirituales que ha vivido a lo largo de su vida, en las cuales pudo haber encontrado tensiones interiores, dificultades e incertidumbres, confusión y oscuridad, no dudará en percibirlo posteriormente como un momento de gracia. Al hacer memoria de las opciones provocadas por personas ajenas, el misionero puede percibir que tales determinaciones no estaban exentas de dudas y tensiones. A veces son circunstancias que implican una decisión laboriosa y reflexionada mientras que otros acontecimientos aparentemente no tienen relevancia en el devenir de la vida. Así lo expresaba a Don Pietro Grana: «Por fin he terminado los santos ejercicios, y después de aconsejarme con Dios y con los hombres, he llegado a la conclusión de que la de las Misiones es mi verdadera vocación. Incluso el sucesor del gran Siervo de Dios D. Bertoni, el Padre

Marani, me contestó que, haciéndose una idea de mi vida y de las circunstancias pasadas y presentes, me asegura que mi vocación por las Misiones de África es de las más claras y manifiestas… Por lo cual estoy completamente decidido a marchar el próximo septiembre» (EE 3).

Dios acompaña a quien envía a través de las «visitas de ángeles», como es el encuentro con el P. Mariani que le devuelve la serenidad y una razonable seguridad. Tal encuentro es un hito fundamental como una llamada o momento especial de gracia. En esa «visita de ángeles», la voluntad de Dios se percibe como una luz que invita a recorrer el camino comenzado, al cual Comboni responderá con fidelidad hasta su muerte.

En el envío, el discernimiento que ayuda a abrir el camino, no está exento de la cruz. Comboni ha dado un paso decisivo en su vocación misionera, aunque ésta haya mostrado su lado doloroso. El que llama se convierte en el "todo" para el discípulo y misionero que ha afrontado la encrucijada como hombre de fe y ha colaborado con las mediaciones humanas. La oración y el respaldo de los demás, también van poniendo luz en la dolorosa situación de sus padres que condicionaba su partida a la misión. Para Comboni, todo ello, visto posteriormente, se presenta como una etapa importante de su historia de salvación, así como para la misión de África Central. El momento de la partida, aunque uno se haya preparado concienzudamente, supone una dosis de incertidumbre y vaciamiento interior, y a su vez, increíblemente, una confianza manifiesta en el que envía.

Para meditar y orar

1. ¿He percibido alguna vez en mi interior confusión, duda o incertidumbre al afrontar las diferentes itinerancias geográficas de mi vida? O, por el contrario, ¿percibo que me ayudaron en mi crecimiento humano y espiritual misionero?

2. ¿Quién me ayudó a encontrar paz y sosiego en los momentos revueltos e inciertos de mi confusión interior? ¿Cuáles fueron los signos o señales de Dios que me acompañaron en la misión transmitida?

3. La hora de la partida es, para Comboni, un momento de prueba. En la primera partida a la misión o en las posteriores, ¿qué sentimientos invadieron mi corazón? ¿Me sirvieron para salir del egoísmo de mi vida y orientar mis energías, para colaborar con Dios en favor de los más abandonados?

Al orar, llevo ante el Señor las realidades de cada día, discierno en la oración y la contemplación y vuelvo a la vida con las posibles inspiraciones que he percibido en la misma. Hago memoria de mi vida, y me pregunto si el discernimiento es una pedagogía que utilizo a menudo para entender los planes y voluntad de Dios. O, más bien al contrario, raramente lo practico, y solo en los momentos de adversidad, ya sea en mi vida personal, en mi vida comunitaria, en mi vida familiar, etc.

Los ideales de un «hijo de papel»

A la hora de dar el primer paso a la misión de África, analizamos los obstáculos y resistencias que se presentan en el itinerario misionero de Comboni. Los ideales inspiradores en sus comienzos ya han manifestado su dificultad. Quizás no haya mejor descripción de tal situación que la frase de la madre de Comboni que después de haber perdido a siete hijos solo le queda lejos, Daniel el «hijo de papel». Frase que Michelangelo Grancelli, buen biógrafo que conoció a Comboni, refleja en su biografía de la boca de la madre de Comboni: «¡De ocho hijos que el Señor me dio, sólo me he quedado con uno de papel!».

El título de este libro tomado de tal declaración «un hijo de papel» con la fuerte carga emotiva y desgarradora de una madre cuyo hijo está a una distancia casi insalvable por causa de la itinerancia, que comenzó en su juventud el día de su juramento. He escogido este título para este libro por varios motivos. Primero, porque tiene lugar en un contexto de itinerancia. Es decir, es la itinerancia misionera la causante de tan angustiosa frase. El hijo está en África y la madre en Limone, una distancia insalvable, y más en aquellos tiempos. La distancia geográfica tiene su carga afectiva, dolorosa y hasta cierto punto incomprensible. En la palabra «de papel», parecen reflejarse todas las tensiones entre el apellido, la sangre y los lazos familiares y maternos, casi diluidos en la lejanía, y, por otra parte, los lazos de la fe y las consecuencias del seguimiento misionero. La carga emotiva de la madre, con un cierto halo de desesperación e impotencia, muestra la resistencia humana del único hijo distante de la madre. Madre e hijo no volverán a verse, debido a su muerte antes de la vuelta del «hijo de papel» a Italia.

Las voces que Comboni oyó en su camino, antes de la primera partida y realización concreta de la vocación misionera para África, fueron muchas y de muy variadas opiniones. Había voces comprensibles que invitaban a tomar decisiones más razonables desde el punto de vista humano. Por una parte, las habladurías, si hubiera dejado a sus padres en una situación económica penosa serian un cargo de conciencia. Comboni da un puñetazo sobre la mesa de las miras humanas y opta, de forma razonable, aunque no exento de dolor, de preferir su primera experiencia misionera en África. Los comportamientos culturales y sociales propios de la época, forzaban a seguir unos parámetros comúnmente aceptados, dando por descontado que la piedad filial era asumida como ley escrita que naturalmente obligaba a los hijos a cuidar de sus padres en la ancianidad y hasta la muerte. La figura del padre en el entorno familiar, fue tema con el que Jesús cuestionó a sus discípulos con meridiana claridad, subrayando la radicalidad del seguimiento que comporta una entrega total a Dios (cfr. Mt 10, 37).

La voz interior y los lazos afectivos y sentimentales del misionero, afloran con intensidad en los momentos decisivos del seguimiento de Jesús. A ello, se une la duda y la confusión, que todo ello comporta para una vida y un sueño trabajado desde la juventud. Los recorridos geográficos muestran, entonces, que hay que implicarse en los pasos concretos que ello supone.

Comboni persevera y deja de lado una decisión, que, en momentos de confusión y tensión interior, no puede acarrear más que desconcierto y sufrimiento. Es el momento de ver los acontecimientos a través del filtro de los ojos de Dios, solo posible gracias a la incuestionable ayuda del Espíritu.

El ideal de la utopía, trata de aliviar la realidad y corregir sus dificultades, tratando de hacer posible la mejoría de la situación actual. Normalmente, tenemos la necesidad de crecer, de aprender, de prosperar, de superar desafíos e incluso de encarnar la utopía que da sentido a nuestra vida. Las personas que tiran con fuerza y alientan en la marcha viven con una gran pasión su trabajo, sienten la vocación, disfrutan de lo que hacen y, por tanto, pueden hacer frente a circunstancias adversas porque tienen una reserva de energía psicológica, afectiva y espiritual enormes y porque la pasión por la misión sigue viva en ellos. A pesar de las dificultades, las adversidades o las crisis, luchan y dan lo mejor de sí, porque hay una fuerza interior que los moviliza y que se impone.

Comboni se nos muestra como soñador y deseoso de llevar adelante su ideal, incluso en medio de la opacidad de los acontecimientos. El misionero no puede renunciar a la utopía, ni abandonarse al parasitismo que pone palos en las ruedas ante la partida a la misión. No importa que califiquen de ingenuo o soñador al misionero. Este no puede renunciar nunca a la utopía, porque renunciar sería como morir. Sin utopía damos a la realidad una dimensión finita, cuando la realidad misionera tiene un potencial de realización infinito, precisamente porque está en las manos de

Dios. A los ojos de Dios nada hay imposible. La utopía, no consiste en alcanzar ni pretender lo imposible, sino aquello que muchas veces parece imposible, pero que se puede cambiar, lo cual implica naturalmente movilizarse.

«Un hijo de papel» me trae a colación a esos tres tipos de misioneros:

1. Unos son los que ven el vaso medio lleno. Se trata de los optimistas por naturaleza, por exigencias del guion o porque de verdad viven plenamente la convicción de la misión. Se dedican a llenar el vaso para que todos vivan mejor y puedan brindar por una mejoría de la situación, tanto personal como comunitaria y con el pueblo. Tienen capacidad de iniciativa y creatividad, sea a los treinta como a los ochenta y pico años. No han arrojado la toalla ni hay visos de que lo hagan.

2. Otros son los que ven el vaso medio vacío. Se trata de los pesimistas por naturaleza y los agoreros de turno, que siempre ven la situación de la misión y de la gente con la que vive, con tonos más bien negativos y con pocas trazas de mejorar. Son personas que cortan toda posibilidad de cambio, amparándose en el "siempre lo hemos hecho así".

3. Y, hay por fin, los que, por los acontecimientos de la vida, los retos y los golpes recibidos en las diferentes situaciones de la misión, han pasado por adversidades y frustraciones varias. Reconocen que la utopía puede generar frustración, pero incluso en las frustraciones, encuentran lecciones para aprender, oportunidades a explorar, aprendizajes nuevos

y ganas de volver a empezar de nuevo. Los reveses y los fracasos en la vida, también pueden jugar un papel positivo y estar cargados de esperanza si el misionero es consciente de que Dios acompaña a quien envía, tanto en tiempos de bonanza como de tormenta.

Frases para la posteridad

«Viéndome así abandonado y desolado, tuve cien veces la más fuerte tentación de abandonarlo todo.... Pues bien, lo que me hizo no dejar de ser fiel nunca a mi Vocación, lo que me mantuvo el coraje de seguir firme en mi puesto hasta la muerte..., fue el convencimiento de la seguridad de mi Vocación;...porque el P. Marani me dijo el 9 de agosto de 1857, después de maduro examen: "su vocación para las misiones de *África* es una de las más claras que he visto"» (EE 6886).

«Pero en medio de esta lucha universal de mis ideas, encuentro oportuno el proyecto de hacer los ejercicios, de consultar a la Religión y a Dios; y *Él*, que es justo y todo lo gobierna, sabrá sacarme de este atolladero, arreglarlo todo y consolar a mis padres, si me llama a dar la vida bajo la bandera de la Cruz en *África*; o bien, si no me llama, sabrá poner tales obstáculos que me sea imposible la realización de mis planes» (EE 9).

«Por tanto, no sé decirle nada de cierto ni de concreto: sólo que ora estoy inquieto, ora esperanzado; ya me asaltan ideas seductoras, ya descorazonadoras. Si consulto con mi conciencia, me siento inclinado a decidirme a marchar; si miro a la familia, me quedo aterrado; si pienso en el mundo, resolviéndome a la empresa, debo esperarme la maldición de quien conoce mis circunstancias familiares y piensa como el mundo; si pienso en mi corazón, éste me sugiere sacrificarlo todo y volar a las Misiones, y despreciar toda habladuría. Imagine la tormenta de mi alma, la lucha, el conflicto que me conturba» (EE 8).

IV

El coste de la itinerancia africana

Jesús, el itinerante, el hombre del camino, va ligero de equipaje, con poco en la mochila para que nada, ni nadie pueda atraparle el corazón. Ha dejado atrás los lazos de la sangre y los vínculos familiares. Atrás también quedó el *statu quo* de la sociedad que impone estilos y costumbres de pensar y de vida difícil de desarraigar de un plumazo. Pero, a lo largo del camino, Jesús de Nazaret se va a topar con un largo etcétera de condicionamientos, consejos y sugerencias que pretenderán desviarle de su proyecto original: hacer la voluntad de Dios. Una ojeada al Evangelio, nos muestra a Jesucristo que, desde los inicios de su vida pública, se aleja del entorno familiar, de la forma de pensar de los discípulos y del estado de la religiosidad judía. El estilo de vida itinerante que escoge no es un antojo repentino y fugaz que cautiva su corazón, sino algo que define su identidad y misión.

No hay nada ni nadie que puedan pretender poseer el corazón de Jesús. La libertad que Jesucristo irradiaba y su relación con el Padre han mantenido su vida, su talante y estilo de vida fieles hasta el fin. Por eso mismo, su itinerancia es por necesidad también pobre, sin casa donde reclinar la cabeza, pero libre para estar cerca de cualquiera y, a la vez, en todas partes. La itinerancia del Maestro atestigua que Dios viene de "fuera" y pide hospitalidad con la discreción del inmigrante, del forastero o del huésped que se acerca. En Comboni, la itinerancia misionera nos muestra que nada ni nadie le desvía de la orientación de su vida por la misión africana.

Crónica de una crisis que se vuelve oportunidad

Comboni y el grupo de misioneros de Don Mazza llegan a Sta. Cruz en febrero de 1858. Es su primera experiencia misionera en África. El nombre de la estación misionera a la que llega preludia, de alguna manera, lo que va ser su itinerario misionero y el signo inequívoco del plan de Dios, donde la presencia de la cruz se manifiesta con inusitada frecuencia. Esta primera experiencia le muestra la crudeza de la misión y las dificultades que tal tarea conlleva. Llegan las fiebres tropicales que impactan en su pequeño grupo, y las muertes del laico misionero Isidoro Zilli y del misionero D. Ángelo Melotto, que impactan en Comboni fuertemente.

En ese contexto de cruces, hay un acto revelador y esperanzador. Se trata de la presencia de Comboni en la muerte de Oliboni. Este había sido atacado por las fiebres y afectado por el clima malsano. En su lecho de muerte, pidió a sus compañeros un juramento de fidelidad a la misión asignada. Se trataba de un juramento por parte del grupo y de un testamento en toda regla por parte de Oliboni, en presencia de Comboni: «Antes de recibir la extremaunción, nos llamó a todos junto al catrecillo que le servía de lecho, y con su natural elocuencia, y con la vehemencia que le dictaba el espíritu de Dios en el momento de la muerte, nos dirigió una alocución. Nos pidió que permaneciéramos firmes y constantes en la gran empresa de llevar a cabo el gran plan del Superior; que mostrásemos amor al Superior no flaqueando en la realización de sus proyectos en pro de la gloria de Dios; que no reparásemos en esfuerzos por redimir almas para el cielo» (EE 400).

Los costes de la vocación misionera no tardarán en hacer mella en esta primera experiencia de misión. Comboni intuye que, debido a las enfermedades continuas, la presencia en África comienza a hacerse insostenible. Es la prueba de la enfermedad vivida en carne propia, nada aparentemente nuevo en aquellas circunstancias en que los misioneros morían con inusitada frecuencia. Como consecuencia, los superiores le ordenan volver a Verona, en junio de 1859, para así poder recuperarse. Otro "imposible" se hace presente en su vida. Si antes fue la precaria situación de sus padres antes de su primera partida para África, ahora es la muerte de los compañeros y su propia enfermedad. La cruz parece imponerse en algo que había sido discernido como voluntad de Dios. Pero ¿cómo y dónde ser misionero, sino en África?

Aparecen signos de que la misión de África Central se está debilitando, no solo a nivel personal, sino también a nivel institucional. El Instituto misionero de Don Mazza comienza a resentirse sobre todo por la disminución del personal. De buenas a primeras, hay algo que parece dar al traste con los sueños e ideales misioneros percibidos por Comboni y su vocación incuestionable para África: «En una palabra, el Misionero de la *Nigrizia* debe con frecuencia reflexionar y meditar que él trabaja en una obra de altísimo mérito, sí, pero sumamente ardua y laboriosa, para ser una piedra escondida bajo tierra que quizá nunca saldrá a la luz» (EE 2701).

68

Anteriormente en su vida, la cruz hizo su presencia al confrontar el ideal misionero y las responsabilidades filiales y familiares. Ahora se pone en entredicho la capacidad de su vocación para África ante la realidad que se impone. Comboni acoge sus limitaciones, pero a la espera de los «nuevos movimientos del Espíritu». Le llega un tiempo de espera para discernir nuevas esperanzas para la misión africana. Así se lo manifiesta a Don Pedro Grana, párroco de Limone: «*¿Qué debíamos hacer, por tanto, mi querido D. Pedro? Únicamente resignarnos con buen ánimo a la voluntad de Dios, bendecir por siempre sus adorables disposiciones, regresar por ahora a la patria y esperar nuevos movimientos del espíritu de Dios, dispuestos siempre nosotros a sacrificarlo y a vencerlo todo por seguir y* ejecutar la voluntad del Señor» (EE 464).

En el Instituto de Don Mazza comienzan a oírse voces de que, vista la situación calamitosa de los misioneros en África, invitan a la prudencia y a una retirada razonable de la misión. Los contratiempos se multiplican no solo por la disminución del personal misionero, sino también por la imposibilidad de llevar adelante los compromisos misioneros. El futuro de la misión africana se tambalea en lo que a su futuro se refiere.

Con la forzada vuelta a Italia, Comboni inicia otro futuro incierto y complejo. Es el inicio de la itinerancia espiritual personal y la de la institución a la que pertenece. No se trata de un viaje geográfico de ir de un lugar a otro, sino la itinerancia más difícil de afrontar con un cierto sabor, a la "noche oscura del alma". Es un camino doloroso ante la hiriente realidad de si la presencia de Dios sigue o no moviendo los hilos de la misión. En medio de la adversidad y ante la cascada de misioneros muertos en el campo de la misión, la reacción de algunos apunta al silencio de Dios. Se duda sobre la conveniencia de enviar personal a la misión africana. Según informa Grancelli[3], Don Mazza temía que Comboni no pudiera recuperarse de las fiebres y volver a África, y añade que entre los suyos alguno incluso trataba de persuadirle de no volver a la misión africana.

A esto, hay que añadir que, durante su estancia en África, le llega la noticia de la muerte de su madre en 1858, que le apenó en gran manera. Comboni vuelve a Italia bajo la amenaza de la sombra si podrá volver. Veinte años de evangelización en África Central había costado la vida a sesenta y cuatro misioneros. ¿No se había embarcado en una tarea imposible o peor aún, no se habría equivocado de vocación? Sumido en el silencio y en la falta aparente de algún signo de intervención divina graba en su corazón que el «hágase tu voluntad» conlleva una dosis fuerte de cruz, y que ésta es parte del envío y de la misión que solo Dios tiene en sus manos.

---

[3] GRANCELLI, M. *Monseñor Daniel Comboni e la missione dell'Africa Centrale.* Istituto Missione Africane, Verona, 1923, pag. 41.

Llega a Italia, pero lejos de tirar la toalla, y esto es lo admirable en Comboni, reafirma sus convicciones: «regresar por ahora a la patria y esperar nuevos movimientos del espíritu de Dios, dispuestos nosotros siempre a sacrificarlo y vencerlo todo por seguir la voluntad del Señor» (EE 464). Hace memoria del juramento hecho ante Don Mazza, y continúa con la tarea que el Instituto "mazziano" le encarga, siempre relacionado con la misión africana, pero en otro contexto. Se encarga, a partir de entonces, de la formación de los niños y niñas africanas rescatados de la esclavitud y recogidos en Adén y otros lugares. Es también un tiempo, después de su recuperación de la enfermedad, de intensos y prolongados viajes por Europa en busca de información sobre los métodos de evangelización en África y para pedir apoyos para la misión africana. También continúa la tarea de rescatar jóvenes africanos de la esclavitud. Es decir, la llama de la pasión por la misión sigue presente.

En Verona, en cambio, los ánimos estaban bajos ya que, con la vuelta de Comboni, solo permanecían dos misioneros del Instituto en la misión. Poco más tarde, en 1862, abandonarían definitivamente la misión. Pero Comboni, a sus treinta y un años, continúa con la pasión por la misión de África. Viaja por Europa para sensibilizar a la Iglesia sobre la misión africana. Un día dialogando con el Papa Pío IX, estando ambos de pie, Comboni le empezó a hablar con tanto entusiasmo de la misión de África y a gesticular y avanzar unos pasos mientras el Papa retrocedía hasta que éste se encontró con la espalda contra la pared y Comboni ni se dio cuenta. Tal era su pasión al hablar de África.

Es también un tiempo de reflexión, de discernimiento y escucha a los «movimientos del Espíritu».

En este periodo vemos a Comboni contactando a gentes de Iglesia interesadas por la misión. Se le ve a menudo en Roma, visitando Propaganda Fide, en el Vaticano, etc. Se encuentra con el cardenal Barnabó, encargado de Propaganda Fide. Antes de la experiencia carismática volverá a tener, por lo menos otros dos encuentros en Roma con el Papa Pio IX, uno en diciembre de 1860 y posteriormente otro en diciembre de 1861. ¿De qué ha podido hablar en esos dos encuentros con el Papa si no es de la pasión de su vida? Algo está emergiendo porque no visita al Papa simplemente para saludarlo. No hay duda alguna de que en el centro de esas conversaciones está la situación compleja de la misión de África Central.

Reflexión: Los movimientos del Espíritu en medio de la adversidad

a) El intercambio epistolar de Comboni en estos años de su vida, refleja lo que se va gestando en su corazón. Sus cartas contienen, en germen o abiertamente, un motivo de animación misionera sobre la misión africana. No solo da a conocer la situación de África Central, sino que invita a orar por tal empresa y a colaborar en tal empeño. Hay algunos retazos del modo de hacer misión en los tiempos de Comboni que éste refleja a su padre. Ante los pequeños y grandes retos de la misión, Comboni había escrito a su padre una larga carta el 5 de marzo de 185*8:* «Caída la tarde, y llegada la noche, nos reunimos a tratar de *cómo salir de aquel aprieto*. Se propone, se discute, se reza» (EE 261). Este es el modo de afrontar los retos de la misión que los misioneros ejercitaban para resolver los miles de problemas que surgían en la misión. Son frases breves, pero que dejan entrever que la itinerancia misionera de Comboni no es simplemente la del francotirador que tiene su propio plan, sino que es una experiencia compartida que se refleja a lo largo de toda su actividad misionera, aunque ello le acarree en el futuro no pocas amarguras y deserciones por parte de colaboradores y congregaciones religiosas.

Comboni no ignora la realidad oscura por la que pasa la misión africana. Él sigue en contacto con algunos misioneros que todavía permanecen en África, recibe noticias de la misma y siempre se manifiesta interesado en lo que sucede en África. Es consciente de la fragilidad humana y los acontecimientos que se imponen, pero, a su vez, es el momento de la espera y de la escucha de los movimientos del Espíritu. La vulnerabilidad del misionero se evidencia en sus escritos: «El Misionero de la *Nigrizia*, desnudo por completo de sí mismo, y privado de todo humano consuelo, trabaja únicamente para su Dios, para las almas más abandonadas de la tierra, para la eternidad. Con la mirada puesta tan sólo en su Dios, que le sirve de impulso, tiene en todas las circunstancias con qué sostenerse y nutrir abundantemente su corazón, ya sea en un tiempo próximo o lejano, con mano ajena o con la propia, como recoja el fruto de sus sudores y de su Apostolado. Y su espíritu no pregunta a Dios las razones de la Misión de Él recibida, sino que trabaja confiado en su palabra y en la de sus representantes, como dócil instrumento de su adorable voluntad, y en todas las circunstancias repite profundamente convencido y con viva exultación: siervos inútiles somos…» (EE 2702). Falta el reconocimiento sincero, dolorido y orante de los propios límites que, a menudo, es lo que impide a la gracia actuar con mayor fuerza sobre la pequeñez humana.

b) Los movimientos del Espíritu. La frase que atrae el corazón y mente de Comboni en los años posteriores a su primera forzosa vuelta de África, se resume en la expresión «esperar los movimientos del Espíritu». Apreciada desde cualquier punto de vista, tal expresión se antoja particularmente profética y puede resumir lo que bullía en su corazón durante su estancia en Europa. Por una parte, emula a la primera comunidad cristiana de los Hechos de los Apóstoles, donde la espera y la primacía del Espíritu fue la constante que marcó los primeros años de expansión del Evangelio fuera de Jerusalén, liderado por la fuerza del Espíritu en cada pequeño o grande esfuerzo misionero. El Espíritu, primer agente de la misión, señala los ritmos e inspira la itinerancia misionera marcada por la persecución, que paradójicamente lleva a la expansión de las pequeñas comunidades.

La espera a los «movimientos del Espíritu», por otra parte, pone de relieve la importancia de la oración y de la cita diaria con el Señor, faceta que se intensifica en la vida de Comboni a medida que arrecian las dificultades. Se trata de una oración, no solo a nivel individual, sino también comunitaria y eclesial. Comboni subraya particularmente su insistencia en pedir oraciones por la misión africana a todos con los que se relaciona. La atención a los «movimientos del Espíritu» nos presenta un Comboni atento a los signos de los tiempos, y una espiritualidad de ojos abiertos que le va a ir mostrando paulatinamente el camino abrupto hasta culminar en el momento carismático. Es una espera preñada de movilización y trabajo, pero a la vez guiada por la acción del Espíritu, en una perfecta sintonía.

La vuelta a Italia le ayudó también a tener más tiempo, para que desde la distancia de la misión, poder adentrarse con osadía en la misteriosa aventura de percibir los nuevos designios de Dios. La itinerancia geográfica africana estaba simbolizada en los dos iconos a los que recurre con cierta frecuencia en sus "Escritos", como espacios a través de los cuales la itinerancia se concretiza. Por una parte, la *"Stella Matutina"* (barco que utilizaba para sus desplazamientos por el Nilo) y por otra, el camello. El *"Stella Matutina"* se revela como el icono mudo de esa itinerancia, eco de los deseos y anhelos de la realización de su ideal misionero y además resonancia del envío que se lleva a efecto a través de las mediaciones. Es así mismo, el puente de encuentro del pastor con el rebaño a él asignado, tanto en el éxito de sus planes para África como en la crisis y adversidad de su enfermedad. Esa itinerancia geográfica le ratifica que en la vida del misionero no hay otro absoluto que Dios, ni siquiera su querida África. El camello, por otra parte, es el medio de transporte que hacía viable el encuentro personal con los africanos, en su permanente itinerancia. Son mediaciones, en definitiva, que muestran la concretización de la misión encomendada.

Pero, la vuelta a Italia, con su porción de "noche oscura", no solo no le paraliza, sino que le da pie para reflexionar e ir madurando un plan para afrontar la compleja situación de la misión africana. Está comenzando una itinerancia interior de reflexión y de búsqueda de posibles soluciones en medio del enfriamiento de la misión africana. Es una reflexión que ya no depende de él ni de sus movimientos físicos sino de los «movimientos del Espíritu». Y, en medio de la opacidad de los acontecimientos va a resurgir una esperanza como la semilla que poco a poco surge de la tierra aparentemente estéril. Es un tiempo de espera, donde la adversidad, tantas veces proclamada en la itinerancia de los iconos del Antiguo Testamento, se convierte en momento privilegiado para percibir los «movimientos del Espíritu».

c) Apertura y coraje para acoger los designios del "Dios sorprendente". En la escucha de los «movimientos del Espíritu», Comboni está dispuesto a dejarse sorprender por Dios y sus planes que tiene que discernir de nuevo. El primer discernimiento antes de la partida por causa de la situación de sus padres abre una nueva página en el corazón inquieto del misionero de África. Pero para que «los movimientos del Espíritu» se manifiesten de forma evidente hay que trabajarlo y movilizarse. Las oportunidades no vienen solas, hay que crearlas. Es el tiempo de la movilización de su espíritu que culminará en septiembre de 1864.

La escucha parte de la situación concreta e histórica de los acontecimientos, de las personas y de las cosas aparentemente nimias y de la rutina del quehacer diario. A ellos se une también, los signos de los tiempos que se presentan ante sus ojos y que hay que leer con la confianza en la Providencia y con el convencimiento de que las obras de Dios nacen al pie de la cruz. El hilo conductor, pues, de la escucha a los «movimientos del Espíritu» es una confianza ilimitada en la Providencia, la convicción de que Dios actúa a través de los agentes eclesiales y su particular sensibilidad por los más pobres y abandonados. Comboni intuye que ese hilo conductor le irá dando signos, discretos o extraordinarios, para afrontar de nuevo, desde otro prisma, el reto de la malherida misión africana.

La itinerancia misionera conlleva también la convicción de que la propia autonomía personal se resquebraja sin la fuerza y guía del Espíritu. Comboni presagia que ya no depende de sí mismo ni de sus decisiones, ni del ideal y sueño de la misión. La consagración de la vida misionera en el juramento o los votos religiosos muestran que la vida no depende solo del sí del misionero, a partir del cual corrobora que ya no se pertenece a sí mismo, sino de la entrega total a Dios para hacer su voluntad. Como manifestaron Esther y Caridad, agustinas misioneras martirizadas en Argel el 23 de octubre de 1994. A la pregunta del periodista de si no tenían miedo a perder la vida, afirmaron con profecía y desparpajo, unos días antes del martirio, que no tenían miedo porque «la vida ya se la hemos entregado al Señor el día de nuestra consagración religiosa».

Comboni no renuncia a que la vuelta forzada a Italia imponga una retirada discreta y razonable, abandonando todo lo relacionado con la misión africana, y no se centra en otra orientación con más enfoque local. Más bien, al contrario, este es un tiempo para nuevas oportunidades y para algo sustancialmente nuevo que se está gestando. Es un tiempo para sintonizar en la onda de Dios, muy a menudo diferente y, a veces, opuesta a la opinión común de los mortales. Y así comienza un tiempo de discernimiento, de búsqueda, de espera activa y de reflexión.

En resumen, en este puzle de acontecimientos, contratiempos y adversidades, Comboni empieza a vislumbrar la posibilidad de otros caminos para la misión africana. Emerge en primer lugar, con mucha fuerza la relevancia de Cristo en su vida, en la figura del Corazón Traspasado del Cristo, el Buen Pastor. En segundo lugar, pone los quehaceres de la misión en manos de la Providencia. Y, finalmente, la fraternidad universal, tanto en su tarea misionera de rescatar a niños africanos en Egipto como en la animación misionera que lleva a cabo por Europa. Es hora de, desde la vulnerabilidad experimentada en propia carne, ir reconociéndose como instrumento en las manos de Dios. Un Dios que le está pidiendo un anonadamiento total como paso inevitable para establecer una nueva alianza con Él a través de la experiencia mística de amor y alianza nupcial con los pueblos de África.

Para meditar y orar

1. Los "imposibles" emergen de una u otra forma, tarde o temprano, en la vida humana y en la del misionero y enviado. ¿Cuáles han sido los "imposibles" que he percibido en mi vida misionera?

2. Comboni invita al misionero a preguntarse si el hecho de afrontar las adversidades, los contratiempos y los retos lleva solo una aparente carga negativa, o si, por el contrario, también se percibe algo nuevo que se está gestando.

3. La Palabra de Dios asegura que Dios acompaña con signos y señales a quien le asigna una misión. Echando una ojeada a mi vida, ¿podría hacer memoria de alguno de esos signos y señales, poniendo fecha, nombre y lugar?

Al orar, se evidencia que los "imposibles" surgen en la vida misionera y, a veces, de forma inesperada. Imposibles que a veces incluso pueden paralizar una vida entregada al Señor. Cuando la itinerancia se bloquea, uno se ve casi inclinado a dar carpetazo a tantos proyectos que con tanta ilusión se habían diseñado y emprendido. En ambiente de oración y contemplación, me pregunto si veo e intuyo en las adversidades el aleteo del Espíritu o la sola evidencia pura y dura de la opacidad de las realidades humanas y el distanciamiento de Dios.

La baza del discernimiento

El discernimiento despeja la nube de la incertidumbre, y los «movimientos del Espíritu» se van haciendo visibles entre la maraña de la confusión de los acontecimientos. A través de la oración y de la escucha, Comboni intenta poner luz, después de la primera "frustración" africana, en lo que parece un nuevo camino a recorrer. Los «movimientos del Espíritu» van a sacar a la luz un nuevo Plan para Comboni, que ha ido gestionando con paciencia, fe y determinación, en la basílica de San Pedro, en un tiempo de oración profunda y escucha de la voluntad de Dios.

Esa escucha se fragua dentro de la misión que Comboni tiene asignada por el Instituto Mazza. Este nuevo campo de acción le habla tanto como la propia experiencia africana. Comboni, involucrado con los niños y niñas rescatados de la esclavitud y llevados a Verona, continúa propiciando noticias, sentimientos y reflexiones alrededor de la causa africana. Es un tiempo de reflexión sobre el plan de Dios y sobre el destino de la misión.

En su primer contacto con África, Comboni se había enfrentado a tres retos que la misión africana comporta, y que rumia y digiere con tiempo y pausa a su vuelta a Italia. En primer lugar, el porqué de la muerte de tantos misioneros en el campo de la misión, entre ellos la impactante muerte de Don Oliboni a quien había acompañado en su primer viaje a África. En el testamento de Don Oliboni a sus compañeros hay un mensaje que se repetirá en el lecho de muerte de Comboni. En segundo lugar, la propia experiencia de la enfermedad que le ha catapultado a Italia para evitar una muerte más que predecible, con su trasfondo de frustración, aunque no parezca que le haya afectado demasiado. Al menos no ha impedido que la llama de su vocación misionera continuase ardiendo. Y, finalmente, la situación compleja del africano que le sigue dejando inquieto no solo por el desconocimiento del Evangelio sino también por los sufrimientos que le asolan, la carestía de la vida, las enfermedades sin cuento, la trata de esclavos y la difícil adaptación de los niños y niñas africanos en Italia.

La pedagogía misionera revela un modo de hacer de Dios que conlleva la espera, reflejado nunca mejor dicho en la frase profética de Comboni: «esperar los movimientos del Espíritu». Es un tiempo para abrirse a los ritmos de Dios y familiarizarse con ellos, pero arrimando el hombro.

El Instituto comienza a recular. Precisamente en este tiempo de reflexión y apertura a los «movimientos del Espíritu», se está desatando una tormenta en lo que a la misión africana se refiere en el Instituto. Los imposibles se abren camino, pero de forma diferente, y resulta chocante el contraste entre el modo de actuar de Comboni y el resto de las instituciones que van abandonando la "imposible" misión africana. La espera de Comboni no va a ser infructuosa. Está motivado por la convicción de que el Espíritu mueve los hilos a su tiempo y manera, y por su tenaz paciencia y determinación en hacer posible su continuidad. La misión tiene su propio proceso, a veces sumido por el activismo frenético y otras por la espera dolorosa de no percibir aparentemente cambio alguno. No hay caminos trillados. La espera, en sus inicios, se antoja estéril hasta que da con la clave del Plan para la Regeneración de África.

El Papa Francisco en su Exhortación Apostólica *Gaudete et exultate*, en el último capítulo, habla de la sabiduría del discernimiento. El discernimiento, lo define el diccionario como «distinguir algo de otra cosa, señalando la diferencia que hay entre ellas». Francisco reafirma que, sin la capacidad de discernir en el hoy de la historia, somos totalmente manipulables. El discernimiento es como una brújula en medio de la niebla borrosa por la cual uno tiene que caminar de una u otra manera. Y, es también un don de Dios, a través del cual uno percibe las cosas ocultas, y acepta y asume el punto de vista de Dios. Afirma el Papa Francisco que el discernimiento nos permite entrever el misterio del proyecto único e irrepetible que Dios tiene para cada uno.

Pero el discernimiento no está exento de presiones externas, como le sucede a Cristo con los discípulos, sus familiares, la muchedumbre o las autoridades judías. La reflexión sobre la misión y su posible discernimiento, no ha sido algo puntual para Comboni, después de su vuelta a Italia, sino que es bastante habitual en un misionero cuyo corazón aun arde por la misión africana. Discernir, en el caso de Comboni es hacer suyas las elecciones de Cristo, en medio de la tiniebla de los eventos y las personas que se encuentra en el camino de su vida. Y así, de este modo da con la tecla del Plan para la Regeneración como la opción viable en medio de otras opciones que también podrían haber llevado la impronta de la voluntad de Dios.

Comboni, a lo largo de su vida, nos da algunas pistas de cómo él realizó tal discernimiento. En primer lugar, siempre ha tenido la convicción de que la misión africana a la que Dios le había llamado no era un imposible o un ideal irrealizable. A pesar de las enfermedades, los limites personales y la situación de África, Comboni no duda de que la situación puede cambiar. Por otra parte, ratifica su opción a través de otras personas e instituciones que respaldan esa inspiración, aunque a veces dé la impresión de haberse quedado solo. La consulta a tantas personas sobre temas de misión y el respaldo por parte de otros que colaboran con él, prueba y ampara la misión encomendada a Comboni. Y aunque en algunos momentos Comboni pudiera parecer que se encontraba solo con el Plan, sin embargo, había el convencimiento de que con él los africanos y la situación de la misión africana tenían visos razonables de continuidad. Finalmente, el que el discernimiento se lleve a cabo durante un periodo largo, en este caso de no menos de cinco años, manifiesta que no es un discernimiento hecho a la ligera, sino ponderado y sopesado en sus conversaciones con tantas personas eclesiales cuyas reacciones Comboni no dudó en apreciar y valorar.

Frases para la posteridad

«¿Qué debíamos hacer, por tanto, mi querido D. Pedro? Únicamente resignarnos con buen ánimo a la voluntad de Dios, bendecir por siempre sus adorables disposiciones, regresar por ahora a la patria y esperar nuevos movimientos del espíritu de Dios, dispuestos siempre nosotros a sacrificarlo y a vencerlo todo por seguir y ejecutar la voluntad del Señor» (EE 464).

«Por mi parte, estoy dispuesto a hacer cualquier sacrificio y a soportar las más duras fatigas e incomodidades –incluso me parecería muy leve y suave el sacrificio de mi sangre y de mi vida– por coadyuvar a que esta santa Obra sea llevada a cabo» (EE 594).

«Tanto en Alejandría como en El Cairo me he enterado de que hay un gran número de negros repartidos por las Indias. La esclavitud está en pleno auge en Arabia, donde se hacen numerosas subastas de estos pobres negros; y uno me dijo que en una subasta consiguió tres negritas a 60 táleros cada una. En Alejandría supe que desde Massaua y Suakin, ciudades de Abisinia en las costas del mar Rojo, de noche salen embarcaciones con esclavos hacia las costas de Arabia, donde no está abolida la trata de negros; y fue en tal circunstancia cuando el vapor inglés que va de Suez a Adén se apoderó de uno de esos barcos negreros. Así que espero poder realizar en Adén una selección de acuerdo con sus intenciones. Basta con que Ud. haga rezar por el éxito de esta empresa» (EE 554).

V

La inspiración carismática
abre el camino

Al subrayar algunas características de la itinerancia misionera de Comboni, nos acercamos a Jesucristo y constatamos que Jesús no tiene un lugar fijo donde los discípulos se encuentran y aprenden con él. Tampoco parece tener, como era la tradición del maestro judío, ni oficina ni sala de espera, a donde la gente y las multitudes se acerquen y llamen a la puerta. Más bien, al contrario, es él quien toma la iniciativa de ir donde la gente se encuentra, porque la gente no le molesta. Es el Hombre del camino.

Ponerse en camino es, para Jesús, acercar la imagen de un Dios Padre a una humanidad vapuleada y engañada por el maligno, atosigada por la ley, el sábado y el templo de la religión judía, y dominada por la ocupación forzosa del Imperio Romano. Para Jesús, la elección de la itinerancia como estilo de vida, define su identidad y su misión. Su objetivo es poder llegar a todos y que nadie en ningún lugar se sienta olvidado por Dios, especialmente las ovejas descarriadas. Y, esto es lo que transmite a sus discípulos a través de una vida itinerante. Las últimas palabras a los apóstoles enviados en misión son meridianamente claras: «He aquí que yo estoy con vosotros todos los días, hasta el fin del mundo» (Mt 28, 20).

Crónica de una voz que martillea en el corazón

Después de su vuelta a Italia, y para afrontar la tarea de acoger a los muchachos africanos rescatados de la esclavitud, Comboni viaja a Egipto. Contacta con Fray Luis de Casoria, que estaba muy involucrado en el rescate de esclavos. Fueron pequeños viajes que mantienen vivo el espíritu misionero de Comboni en su nueva tarea. Una misión que le acerca a la hiriente realidad de la esclavitud.

Durante este periodo, la itinerancia se torna también hacia Europa, en su afán de sensibilizar a la Iglesia europea sobre la misión africana. Comboni, siempre en camino para llegar a todos, intensifica sus viajes. Visita Propaganda Fide, y tantea nuevos caminos para escuchar y compartir otras experiencias e ideas sobre la misión africana. Se alían, así, la confianza en las mediaciones humanas y la absoluta confianza en Dios, inevitable equilibrio difícil de gestionar.

¿Es que la misión de África era algo irrealizable? Comboni, lejos de resignarse con una retirada prudente y cautelar, sigue ilusionado con nuevos proyectos. Y, no tardando, llegará el momento carismático que cristaliza en septiembre de 1864, mientras rezaba ante la tumba de San Pedro. El protagonismo de la acción misionera de Comboni recae en Dios. Trabaja el «Plan para la Regeneración de África» durante 60 horas sin parar y lo pone por escrito en veinticuatro páginas, que el 18 de septiembre se lo presenta al cardenal Barnabó de Propaganda Fide. Comboni, todavía miembro del Instituto de Don Mazza, se encuentra con el Papa Pio IX, que le insta a que estudie el modo de asociar al Plan a las demás instituciones y sociedades misioneras. Y, después del Papa examinarlo le anima a ponerlo en práctica. Este respaldo de Pio IX, con quien Comboni tuvo varias audiencias, es de vital importancia en un momento en que él desea urgentemente que la realización del Plan sea una tarea de toda la Iglesia, no solo del Instituto. Las palabras del Papa dirigidas a Comboni resonarán más de una vez en sus Escritos: *Labora sicut bonus miles Christi* (EE 930).

Este espaldarazo anímico contrasta con los problemas que continúan en Verona. Don Mazza, mal asesorado por Don Brícolo, aumenta el distanciamiento ya insalvable entre él y Comboni. Desde el Instituto comienza a percibir un abandono, aunque se resiste al desenlace final de un evidente alejamiento entre él y Don Mazza. En octubre de 1861, Don Mazza escribe a Beltrame y Dal Bosco en lo que se refiere a la misión: «No escribáis a nadie y mucho menos a Comboni…». Por diferentes razones, ya entonces, el Instituto juzgaba casi apagada la llama misionera. Razones humanas no faltaban. Por una parte, la complejidad y magnitud de los desafíos de África, el poco personal, las muertes continuas de misioneros, la mala adaptación de los niños africanos en Europa, la situación económica, etc. Pero Dios tiene sus planes, ya determinados, a menudo, en medio de la opacidad de los acontecimientos y de los imposibles a que se enfrentan los que ponen su confianza en Él. Muere Don Mazza y le sucede Don Tomba, pero la línea del Instituto Mazza continúa con la misma idea de abandonar la misión africana.

En el Plan, la Providencia ha guiado su «*mente y corazón*» y cuyo contenido sintetizamos en la frase: «Salvar África por medio de África» tan utilizada por Comboni. Daniel Comboni, precisamente en un tiempo de espera, de exploración y discernimiento, ve resurgir poco a poco una llama y una esperanza que impulsará el Plan. Sucede, precisamente, durante el triduo a la Beata Margarita María de Alacoque, una de las inspiradoras de la devoción al Sagrado Corazón de Jesús que Comboni pondrá en el centro de su Plan para la Regeneración de África.

Tener una intuición o presentar un sueño es, a veces, fácil de plasmar por escrito, pero hay que poner manos a la obra, el primer paso se ha dado. Es la hora de los retos y las adversidades sin cuento, con las que seguramente ya contaba Comboni. Lo que parecía imposible muestra sus visos de realización con la aprobación eclesial. Según él, la misión exige un cambio de método y pedagogía. Hay que preparar y formar a los nativos en contextos «donde el africano vive y no cambia y el europeo trabaja y no sucumbe» (EE 2753).

El Plan, por una parte, subraya la necesaria y plena participación de los africanos. Apuesta por ellos confiadamente en tiempos en que la imagen del africano estaba desacreditada y lastrada por la esclavitud. Se trata de llevar África a Cristo estableciendo los centros de la actividad misionera donde la conversión de África pueda llevarse a través de África. Es decir, había que contar con el africano en su propio hábitat, formando a los africanos en África y para ello, la necesidad del establecimiento de poblados o comunidades cristianas en el contexto africano. Comboni ya había aprendido desde sus tiempos de formación en el Instituto de don Mazza la necesidad de un modo de afrontar la misión integral. Es decir, que ajustara el lado espiritual, junto con la mejora de las condiciones de vida del pueblo africano. De ahí que los misioneros antes de su partida para la misión aprendían oficios varios y preparaban en Verona a africanos que pudieran dar su aportación en trabajos absolutamente necesarios para mejorar las condiciones de vida de la gente. Finalmente, Comboni involucra a toda la Iglesia para afrontar el problema de la evangelización en África Central.

La realización del Plan es una experiencia, que viene de lo alto, a la luz de la fe y centrada en Cristo y los africanos. Comboni ve a Cristo que sufre en el africano y a la vez su deseo de redimir las varias situaciones de tiniebla en que se ve sumida África Central. Es así mismo, una llamada a las mediaciones humanas, empezando precisamente por Comboni, para que haga conocer a toda la Iglesia el momento histórico del Vicariato: «Creo que este plan es obra de Dios, porque me vino a la mente el 15 de septiembre, mientras hacía el triduo a la Bta. Alacoque; y el día 18 de sept., en que esa Sierva de Dios fue beatificada, el Card. Barnabò terminaba de leer mi Plan. Trabajé en él casi sesenta horas seguidas. A pesar de todo esto, antes de solicitar su aprobación por la S. Sede, imprimiré de él muchos ejemplares, a fin de presentarlo a todas las Sociedades para África y a los más distinguidos Prelados del mundo. Yo escucharé los consejos y las sugerencias de mejoras de todos y, ya perfeccionado, lo propondremos a la S. Sede» (EE 926).

El Plan contiene algunos puntos proféticos y de no fácil realización. Plasmar un plan lleno de esperanza, en un momento en que se dirimía el futuro de la misión de África Central, manifiesta en sí un patente profetismo. Las inspiraciones del Espíritu quedan bien marcadas en el Plan, con tonos espirituales y a la vez concretos y prácticos. La experiencia carismática es una experiencia del amor de Dios en favor de los más abandonados, y a la vez una experiencia con fuerte contenido pastoral y misionero. Hay que ir viendo, paso a paso, cómo las concreciones humanas respaldan la voluntad de Dios, expresado en el lema «Salvar África con África», trasfondo que colorea todo el Plan.

Hay también una llamada urgente a toda la Iglesia, algo que se frustró con la cancelación del Concilio Vaticano I. La presentación del Plan que implicaba necesariamente una movilización eclesial se refleja en la animación misionera que pone en marcha Comboni en sus viajes por Europa, en Francia, Alemania, Inglaterra, Suiza, etc., para pregonar y dar a conocer la situación del pueblo africano a los cristianos europeos, y a la vez conseguir recursos económicos para sostener la fundación de los previstos institutos misioneros combonianos y apuntalar los lugares de misión en África. Los apoyos de personajes de la Iglesia o de la sociedad civil son de vital importancia. Citamos algunos de relevancia especial presentados en la *Positio super virtutibus*, del proceso de beatificación de Comboni, como son el canónigo Mitterruzner, experto en la situación de la Iglesia en África, Ludovico de Casoria y los papas Pío IX y León XIII. Es una época intensa de animación misionera, sensibilización y apoyo, también de personalidades civiles para que colaboren en su Plan, como el emperador de Austria, Francisco José I. Leopoldo II.

Establece los Anales del Buen Pastor, fundado en 1872, todo con la finalidad de hacer conocer el Plan que cree eclesial y para lo cual hay que movilizarse, como refiere P. Francesco Pierli, en el artículo Daniele Comboni, *Nel Primo Centenario della Morte,* en *Studium Combonianum*, Roma 1982, p. 108). Pero surge un nuevo contratiempo: la prohibición de publicarlo por la misma Asociación del Buen Pastor. Los signos siempre van acompañados por las cruces, una constante que se verifica en la realización del Plan porque «las obras de Dios nacen al pie de la cruz» (EE 4972).

Dios que da señales a los que acompaña en su misión, se ve respaldado por el obispo de Verona, Luigi Canossa, es otro paso fundamental para movilizar la apuesta por el Plan en Europa. El 7 de mayo de 1867, Comboni es acompañado por doce jóvenes africanas a una audiencia con el Papa Pio IX. El 1 de junio de 1867 funda en Verona el Instituto Misionero para la *Nigrizia*, en el marco de la Obra del Buen Pastor, erigida por Mons. Luigi de Canossa. Y poco más tarde, en el mes de noviembre, viaja al Cairo con tres misioneros Camilos, tres Hermanas de San José de la Aparición y 16 jóvenes africanas formadas en el Instituto Don Mazza. Signos que evidencian una corta pero decidida implementación del Plan, aunque todavía queden no pocos flecos por perfilar.

La pasión por África urge a Comboni, más que nunca: «Quisiera tener a mi disposición cien lenguas y cien corazones, para hablar en favor de la pobre África, que es la parte del mundo menos conocida y más abandonada, y, en consecuencia, la de más difícil evangelización» (EE 1215). La movilización e itinerancia misionera de Comboni se hacen mediación e instrumento de Dios en un momento concreto de la historia para el Vicariato Apostólico de África Central. El misionero no solo es signo sino también instrumento del Reino. Una vez más, Comboni refleja en su vida los mismos sentimientos de Cristo que también había muerto por los africanos y cuya realización histórica y temporal se actualiza en Comboni.

Las intuiciones del Plan van adquiriendo un rostro, aunque en el caso del personal misionero conseguido se trate de un grupo más bien complejo en el que no tardarían en surgir los conflictos. La itinerancia comboniana no se dirige en una sola dirección, sino que se abre en un abanico de posibilidades. Todo iba apuntando a lo que Comboni deseaba, que era la restauración del Vicariato Apostólico de África Central, tomado en consideración y creado, por Propaganda Fide y apoyado por Pio IX en febrero de 1872. La agenda de Comboni está repleta de encuentros con personajes, sociedades misioneras, y en todos esos encuentros contagia la necesidad de la oración por la misión africana y la colaboración eclesial para la realización del Plan. Y a donde no puede llegar, Comboni utiliza su intensa comunicación epistolar, a través de cartas y sobre todo del Plan para la Regeneración que imprime y distribuye sobre todo a las Sociedades misioneras.

Atrás queda la experiencia que le llevara a Tierra Santa en su primer viaje a África, donde Comboni contempla, desde el punto de vista de la fe, todo lo que sucede a su alrededor: «Pero el católico, acostumbrado a juzgar las cosas con la luz que le viene de lo alto, miró a África no a través del miserable prisma de los intereses humanos, sino al puro rayo de su fe; y descubrió allí una miríada infinita de hermanos pertenecientes a su misma familia, por tener con ellos un Padre común arriba en el cielo, encorvados bajo el yugo de Satanás y al borde del más horrendo precipicio. Entonces, llevado por el ímpetu de aquella caridad encendida con divina llamarada en la falda del Gólgota, y salida del costado del Crucificado para abrazar a toda la familia humana, sintió que se hacían más frecuentes los latidos de su corazón; y una fuerza divina pareció empujarle hacia aquellas bárbaras tierras para estrechar entre sus brazos y dar un beso de paz y de amor a aquellos infelices hermanos suyos…» (EE 2742).

Ocurren otros peregrinajes significativas en la basílica de San Pedro varias veces, en Tierra Santa, en el santuario de Loreto y en el santuario de La Salette, donde consagra la *Nigrizia* a la Virgen, mencionadas por el impacto que causaron en Comboni, por Don Mario Trebeschi, párroco de Limone sul Garda, en su libro: *La missione come pellegrinagio in san Daniele Comboni.*

Reflexión: De la llamada a la llamarada

a) **En el tiempo del silencio,** después de la primera vuelta forzosa de África, Comboni se reajusta y realiza varias tareas relacionadas de una u otra forma con la misión africana que el Instituto Mazza le asigna, entre ellas el contacto con los esclavos africanos rescatados y acogidos que mantienen la llama de la pasión misionera por África.

Son cinco años de pequeños logros, de muchos contactos con gentes relacionadas con la misión africana y también un tiempo de silencio a la espera de los «movimientos del Espíritu», que necesitan de las mediaciones para que no parezcan un mero espejismo. El «hágase tu voluntad» se encarna en la historia de la misión con misioneros que pagan de persona y se sumergen en el barro, con la gente que conviven, y que pasa por la posterior lectura creyente de los acontecimientos sucedidos, que intuyen caminos nuevos para la renovación de la misión africana.

En octubre de 1859 Comboni escribe al cardenal Barnabó, que le había encomendado que pusiera por escrito su experiencia en la misión africana. Comboni habla del tercer fascículo que ya ha enviado al cardenal. Entre los puntos que manifiesta, habla de «los medios más eficaces para llevar a aquellas gentes a la fe y a la práctica del Evangelio, reservándonos para informarles de muchas más cosas que observamos, pero cuya verificación *requiere más tiempo y examen*» (EE 471).

Lo «aparentemente insignificante cuenta» y mucho en el Plan de Dios, que las más de las veces, se realiza no a través de lo llamativo y espectacular, sino de lo discreto y sencillo. La vuelta a Italia es un periodo duro, debido a la enfermedad que sufre, que pensaba que le llevaría a la tumba. Así lo afirma él mismo en carta a Francisco Bricolo, en 1859: «Ahora me encuentro extremadamente débil, lleno de dolores, con unas angustias tremendas, y lleno de todos los síntomas que anuncian que está próximo el final de la vida. Bendito sea eternamente el Señor». (EE 456). De las cenizas del frustrante sufrimiento de la enfermedad y del aparente fracaso misionero de su primera experiencia, emergen nuevas realidades. En primer lugar, la oposición de algunos miembros del Instituto Don Mazza, que abandonan la misión de África. Paradójicamente, cuando más arrecian los abandonos y cuando más se siente solo, surge el nuevo Plan que ya empezó a fraguarse en el tiempo de la espera a los «movimientos del Espíritu». La fidelidad y la perseverancia llevan la voz cantante en medio de la opacidad de los acontecimientos.

En segundo lugar, en el proceso de elaboración del Plan se intuye una perspectiva diferente en el modo de ver la misión africana y el mundo de los últimos como lugar y espacio habitado por Dios. El Plan emerge en una experiencia de oración y contemplación y tiene su punto álgido en su experiencia carismática, donde se percibe la acción amorosa de Dios, a través de la mirada del Corazón Traspasado de Cristo Buen Pastor, que encuentra en Comboni la concretización humana para la realización de su Plan. El papel de Comboni en este proceso es el del humilde siervo, el del instrumento en el aquí y ahora del actuar de Dios, mediación concreta de Dios para la misión africana, insignificante y vulnerable, pero que deja espacio a la acción del Espíritu. Cuando hablamos del "Plan" no nos referimos solamente a un ejercicio de reflexión interior sobre algo que se pone por escrito, sino que se trata esencialmente de darse cuenta que es una experiencia de amor de Dios hacia los africanos.

Comboni habla a menudo de «llamarada, fuego» cuando se refiere a lo que sentía en su corazón por la misión africana. No se trata de un amor individualista como el de los estudiosos de antropología, ni de un deseo de dominación, sino que se refiere al amor del Buen Pastor que da la vida por las ovejas. Y desde luego, es un amor de por vida, para siempre y esponsal. Comboni manifiesta una pasión y enamoramiento ciegos por una realidad que envuelve su vida y que le abarca y condiciona de tal manera que podríamos decir que Comboni no había nacido para otra cosa más que para ser instrumento en las manos de Dios para la salvación de la *Nigrizia*. La pasión africana es la pasión de su vida, y esa pasión será siempre querida, como escribe a la Sociedad de Colonia, el 6 de junio de 1871, aunque le cause «aflicción, desolación…me quita muchas noches el sueño» (EE 2543).

b) La centralidad del Corazón de Jesús es reiterativa en el Plan, y va a ser el centro de su espiritualidad y la heráldica de su escudo episcopal. En él se refleja un corazón que se entrega a la causa de la misión africana y que se cimenta y descansa en los dos polos de la misión: Dios y la muchedumbre. El corazón de Comboni solo palpita por Dios y la misión africana. Es un corazón sano, ya que como sucede en el corazón humano, el doble movimiento de sístole y diástole palpitan armoniosamente. Sístole, a través de la cual los movimientos del corazón se contraen e impulsan la sangre a los vasos sanguíneos. Es un ejercicio y un movimiento generoso de bombear la sangre a las venas y a todo el cuerpo. Y diástole, el movimiento del corazón en que se llenan los ventrículos y reciben la sangre del cuerpo. En definitiva, se trata de recibir ese amor fundante y carismático venido de Dios, y darlo en favor de los más pobres y abandonados. Es decir, dar y recibir, los dos movimientos de un corazón saludable.

Algo ha cambiado. Desde ese momento, se puede mirar a África, al mundo africano y al mundo de los más abandonados no ya como una realidad oscura, sino como un lugar donde Dios habita y se hace presente, revelándose como un vientre materno donde se gesta el Plan de salvación para África: «Yo estoy con grandes deseos de verlos, y de hablar de nuestra querida África. Me siento desolado al ver lo poco que hemos hecho nosotros y los franciscanos en favor de África Central. Ciertamente, su Obra del Rescate ha hecho más por África que nosotros, y con menos sacrificios; de esto estoy convencido, como dije abiertamente en Colonia, y a D. Mazza y a Barnabò. Ahora, entre otras cosas, quiero hablar largamente con Propaganda sobre el modo de beneficiar más a África haciendo menos sacrificios» EE 798).

La pasión por la misión africana se refleja repetidamente en el vocabulario apasionado que Comboni utiliza con inusitada frecuencia en sus informes y correspondencia epistolar donde habla de «la pasión que le quemaba», «experiencia mística de un verdadero amor con la *Nigrizia*»". Habla también de «amor, llama, fuego, inflamado, celo ardiente, relámpago, amor» (EE 2489). El Corazón de Cristo es la fuente de amor y celo misionero, que manifiesta que es su modo de afrontar la misión africana, que no es un simple envío a los otros, sino una pasión que quema al misionero y un mandato a entrar en el corazón de las personas. De ahí el triple ejercicio que experimenta en la inspiración carismática del Plan: Primero, su amor a la *Nigrizia* que aprisiona fuertemente su corazón y no ve otro sentido a su vivir. En segundo lugar, él experimenta ese amor que viene de Dios, pero que no puede apropiárselo únicamente para él solo, sino que debe proyectarlo de forma visible en la misión de África Central. Y, finalmente, la constante presencia de la cruz en el ejercicio largo y tortuoso hacia el corazón de esa parte dolorida de la humanidad, experimentada en África Central. Un amor, como escribe Comboni: «que comenzó en mi hace catorce años y siempre ha ido creciendo a medida que fui comprendiendo la sublimidad del apostolado». (EE 6).

En los años previos a la experiencia carismática, Comboni ha viajado y contactado con gentes, organizaciones y personalidades sin par por toda Europa. En esos contactos percibe que el Plan tiene que ser tarea de toda la Iglesia. Tal pasión misionera no puede ser entendida por las obtusas miradas humanas, por francotiradores, ni por el abandono de otros institutos misioneros, ni vencida por los problemas y dificultades que acechaban a la misión africana. Comboni apela al Papa, a Propaganda Fide y a la Iglesia universal. Aunque recibe el respaldo papal de Pio IX y su bendición, hay otras reacciones no tan positivas, entre las cuales están la Obra de la Propagación de la Fe, de Lyon, Monseñor Lavigerie que le sigue la misma dirección, y Ludovico de Casoria, que tampoco respondió tan entusiásticamente. Pero Comboni continúa mostrando en toda parte su Plan, para así conseguir colaboradores y comenzar su implementación. Es un tiempo intenso de animación misionera, donde las rosas van, a menudo, acompañadas de espinas.

Comboni comienza un nuevo camino comunitario y eclesial. Prioriza las iniciativas y las acciones que generan dinamismos nuevos en la sociedad, pero con el ingrediente comunitario y eclesial, involucrando a propios y extraños, aunque ello le cueste sufrimientos y frustraciones. No cabe duda de que se está iniciando un tiempo de gracia, gestado durante años y cuyo parto es doloroso. Comboni percibe que la iluminación que ha venido de lo alto le hace, por una parte, un místico horizontal; y, por otra, un contemplativo en la acción. Se abre, como nunca, a la acción de la Providencia. Esta no se le presenta como un atajo ni una pértiga que catapulta a la condición humana a sobrepasar las condiciones de la fragilidad humana y sus limitaciones. Dios ha escogido lo frágil y débil de este mundo para confundir a los poderosos. Y, de hecho, ha escogido al frágil misionero que a los pocos meses de su experiencia en África tuvo que abandonar la misión. Pero él no cesó en su empeño, como sucediera con tantas vocaciones bíblicas, consciente de que la opción de Dios por los débiles e insignificantes siempre ha sido una constante en la historia de la salvación.

Acostumbrado a las cruces de la primera experiencia africana, de las enfermedades y fiebres y sufrimientos, no hay lugar en Comboni para medias tintas, rebajas ni descuentos. De hecho, también hubo personas de Iglesia que se oponían o eran indiferentes al

Plan, empezando por el mismo Instituto Mazza, aunque Comboni sigue apostando por la misión, a pesar de la confusión de los acontecimientos. En definitiva, la itinerancia misionera, comporta una serie de riesgos y opciones. Lo impactante es ver a Comboni que, aunque le afectan las negativas a su Plan, y aunque lo sufra, no se altera ni descalifica a nadie.

100

Para meditar y orar

1. Hago una lectura creyente de mi historia personal y me detengo en aquellos momentos en que percibí los «movimientos del Espíritu» en mi vida. Verbalizo los sentimientos que me invadieron y dejo que me hable lo que allí sucedió.
2. Echando una ojeada a mi modo de ser y hacer misión comboniana, me pregunto en qué medida los pilares del momento fundante de Comboni siguen presentes en el Instituto Comboniano. ¿Echo de menos algo fundamental en el modo de orientar la misión hoy por parte del Instituto?
3. Los cambios que en la sociedad actual afectan a la misión en sus varios frentes, ¿me desorientan, paralizan, bloquean, desaniman o me catapultan a reinventar la misión con nuevos paradigmas, con inagotable creatividad y con discretas iniciativas que me lleven a encarnar el Evangelio y la pasión por la misión en el contexto en que vivo?

Al orar contemplo y me pregunto por los «movimientos del Espíritu» y su presencia en mi vida misionera. Hago memoria de alguno de ellos y analizo cómo se hacen presentes, de una forma discreta o de manera más espectacular. Vista la situación de la misión en el cruce de caminos del hoy de la historia, el misionero contempla si su corazón rezuma esperanza o más bien está bloqueado y frenado por una cierta apatía, dejadez o apoltronamiento que se refleja en la indiferencia e incapacidad para buscar nuevos caminos. O quizás percibo que aún hay aceite en las lámparas, capacidad para actuar en medio de la adversidad y esperanza irradiar a los demás.

Al orar, hago memoria de los momentos fundantes de mi vida. Verbalizo y jalono mi vida con hitos a lo largo del camino, que han sido referencia, momentos fundantes y un tanto deslumbrantes. Aquellos que condicionaron la persona que hoy soy y que modelaron mi vocación misionera. Contemplo los cambios que ha habido en mi vida y su impacto para ver hasta qué punto digiero los acontecimientos nuevos e imprevistos que se me presentan. Contemplo si mis pensamientos, actitudes y acciones concretas están motivadas por una actividad y creatividad nueva o más bien por el lastre de una vida con muchos rumbos, mucho activismo y un tanto a la deriva.

La esperada "llamarada"

La perseverancia y la fidelidad a la llamada misionera que Dios le reveló a Comboni a través de las mediaciones humanas en el pasado siguen firmes en su corazón. Si Dios le llamó para la misión africana, tiene que haber un modo de llevar a cabo tal misión. Es cierto que a su primera vuelta de África se le fueron cerrando las puertas, por causa de su propia enfermedad y su cercanía a la muerte y también por el abandono del Instituto Don Mazza a la misión africana. Pero también se van abriendo otras puertas en los primeros pasos de la realización del Plan. Su confianza en la Providencia y su pasión por la misión, a pesar de todo siguen vivas.

La itinerancia del Plan y la perseverancia de Comboni y su capacidad de irradiarlo a propios y extraños, va consiguiendo sus resultados. Comboni inspira esperanza y futuro en sus interlocutores e infunde en ellos renovado entusiasmo para retomar con fuerza la maltrecha misión africana. Comboni tenía mucha perseverancia, que no solo le venía de su confianza enraizada en Dios y en su vocación, sino también del amor inmutable por África. Nada ni nadie cambiará la orientación de su vida.

Comboni transmite la perseverancia de las primeras comunidades cristianas en medio de la persecución y la hostilidad de los ámbitos judíos y romanos. Son los mismos gestos y alusiones a la perseverancia que se citan en las cartas pastorales de san Pedro, Santiago y san Pablo. Pedro insta a los cristianos a perseverar en el primer amor, con la seguridad del triunfo final. Se trataría, según dicen los estudiosos bíblicos, de una forma de resistencia activa, no violenta, que se derivaría de la coherencia de vida que dimana de la fe en el seguimiento de los pasos de Jesús. El término griego *hypomoné* (perseverancia), significa afrontar y resistir las adversidades con todas las fuerzas, pero con la convicción de que al final se vencerá. En el caso de Comboni, se trata de una actitud y conducta inextinguibles y por él practicadas, tanto en el ámbito exterior, con los esclavistas y las autoridades civiles, como en el ámbito interno dentro del propio Instituto.

Los "Escritos" de Comboni rezuman este espíritu de perseverancia que el misionero necesita en el itinerario de su vida. Se manifiesta en Comboni como compañero de camino, sabido que el Plan para la Regeneración de África seguirá adelante, a pesar de todas las adversidades. En el hoy de la misión, sobre todo en ciertos contextos, la perseverancia se antoja imprescindible. A veces, también se percibe una cierta carencia de *hypomoné*, manifestada en los signos visibles de la escasez de vocaciones, el incremento de misioneros ancianos y las viejas estructuras que se imponen como una carga pesada, y que no nos decidimos a cambiar. A todo ello urge una respuesta que no es otra que la de alentar en la marcha.

Es esta perseverancia la de tantas comunidades cristianas esparcidas por el mundo, que viven por décadas en estado de *hypomoné*, en situaciones adversas y difíciles, como es el caso de los cristianos que viven en China, en los países fundamentalistas islámicos o en el ambiente del integrismo hinduista de la India. Como trasfondo que impera e impregna a estos cristianos son las palabras de Jesús: «No tengáis miedo, yo he vencido al mundo» (Jn 16, 33). Jesucristo, en sus mensajes también alude a la perseverancia como actitud para afrontar un futuro en el que al final se vencerá, a pesar de las situaciones difíciles e hirientes en las que viven muchos cristianos y misioneros: «Con vuestra perseverancia (*hypomonê*) salvaréis vuestras vidas» (Lc 21, 16-17). En el fondo, la perseverancia nos asegura, como muestra el Apocalipsis, que Dios es el Señor de la Historia.

Los tiempos de Dios tienen su propio ritmo. El regreso de África, le ha probado humanamente para decirle que no es apto para la misión africana, Comboni se resiste y sigue trabajando a la espera de los «movimientos del Espíritu». El Espíritu aletea donde quiere y la llamada a la misión africana que parecía extinguirse poco a poco, se convierte en llamarada. La inspiración del Plan es una explosión de esperanza y de fuerza del Espíritu gestada durante cinco años. Sale a la luz, precisamente, cuando la llama parecía extinguirse. La amenaza de la experiencia frustrante de su forzada vuelta de África y la decisión del abandono de la misión del África central por parte de todos, no oscurecen los caminos del Señor.

La llamada del Plan reaviva en Europa el espíritu misionero y la necesidad de continuar la misión africana, a través de un misionero con una sola pasión en su corazón. Comboni, a través de sus cartas, escritos e informes, hace conocer la misión y todo lo relacionado con ella, como una de las características que definen su espíritu misionero, donde se refleja una opción creíble e ilusionante.

Frases para la posteridad

«Sobre las cosas de África tendría un sinfín de acontecimientos que contar; por eso me reservo para decírselas de palabra. Esperanzas, muchísimas; también mucho que sufrir, con las malas artes de muchos que se oponen a mis proyectos; apoyos, grandes; alegrías, en abundancia; y confianza en Dios, toda. Lo que sé de cierto es que el Plan es voluntad de Dios: Dios lo quiere para preparar otras obras de su gloria. Lo que sé de cierto también es que, entre los obstáculos que encontraré, está la circunstancia de los tiempos difíciles... Espero establecer dentro de poco en El Cairo un Instituto para jóvenes negras, y quizá también otra casa para chicos negros en Egipto. Cierto es igualmente que Dios me ha dado una ilimitada confianza en El, de manera que ningún obstáculo me hará abandonar la empresa, y que, sin duda, dentro de no muchos años, empezará una nueva era de salvación para África Central» (EE 1390).

«En el año 1864, el 18 de septiembre, cuando me encontraba en Roma y en la basílica de San Pedro asistía a la beatificación de Margarita María Alacoque, como un relámpago me iluminó la idea de proponer para la cristianización de los pobres negros un nuevo Plan, cuyos diferentes puntos me vinieron de lo alto como una inspiración. A continuación, dicho Plan obtenía el beneplácito de Su Santidad el Papa Pío IX, que lo hacía remitir a la S. Congregación de Propaganda Fide. Fue traducido a varias lenguas y se hicieron de él varias ediciones. Sobre la base de este Plan, yo intentaba dar a la misión entre los pobres negros de África Central una organización dotada de mayor vitalidad y solidez. Por eso propuse que en un lugar adecuado de Europa se fundasen dos Institutos, uno masculino y otro femenino, con objeto de formar personal para la dirección de estas misiones de África Central, tanto misioneros como misioneras. Similarmente, en un lugar de clima sano de la costa africana había que erigir dos Institutos como estaciones de preparación y de aclimatación, antes de que el personal misionero penetrase en las zonas interiores de África» (EE 4799).

VI

El lado hiriente de la mision: la cruz y la soledad

Al contemplar a Jesús como "el itinerante en el camino" impresiona su libertad ante las estructuras de todo tipo: del poder romano y ante la religiosidad judía del sábado, la ley y el templo. Su estilo de vida itinerante se nos muestra como un maestro judío con su grupo libre de toda atadura. Su lugar por excelencia es el camino, al encuentro de las personas, prueba evidente de que se encuentra y dirige a donde la gente vive y se relaciona. Cura a los enfermos que se le acercan, consuela los sufrimientos de los atribulados que se lo piden y, ante todo, proclama la llegada del Reino de Dios. Jesús no ha elaborado una estrategia promocional ni ha planeado una conquista misional, sino que intenta vivir, enseñar e iniciar el proyecto de su Padre, que es la llegada del Reino de Dios.

Crónica del grano de trigo que germina

Comboni irradia y contagia su Plan a la Iglesia universal a solas. El Instituto Don Mazza, de facto, se desliga del Plan para la Regeneración de África. En los pasillos del Instituto se dice que en lo referente a África Comboni está actuando por su cuenta. La reacción de Don Mazza siempre permaneció un tanto confusa. Por una parte, no le prohibía a Comboni tal empresa, pero por otra no quería oponerse a la Providencia y voluntad de Dios. Comboni tenía la esperanza de que su Instituto le secundara. Él mismo siempre manifestó que no quería desligarse del mismo.

Ante el dilema de renunciar a la misión africana o abandonar el Instituto, Comboni toma una decisión dolorosa, la de optar por la misión africana: «No habiéndome Ud. contestado a la última que le escribí, espero que todo haya terminado, y que seré considerado de nuevo como su Hijo. En verdad no puedo vivir mucho tiempo sin depender de mi buen padre, al que tanto quiero. Sería un gran dolor para mí si ahora que he llegado a una edad en que puedo ser útil al Instituto y devolverle el bien que me ha hecho a lo largo de tantos años, tuviese que salir de él. No, no puedo vivir lejos del corazón de mi Padre, ni lejos de su autoridad. Si me echase fuera por la puerta del Instituto, yo entraría por la ventana. Por eso, mi querido Viejo, hasta que nos veamos dentro de pocos días. Regáñeme, castígueme, apaléeme si quiere, pero no me eche: deseo estar hasta la muerte en su corazón y ser su fidelísimo hijo» (EE 1144).

Don Tomba, sucesor de Don Mazza, cierra las puertas del Instituto a la actividad misionera en África: «Por motivos particulares, el fundador juzgó oportuno dispensar a Comboni de las reglas, permitiéndole que, aun siendo miembro del Instituto, actuara por sí, de modo independiente del Instituto, por lo que refería a su vasto proyecto de la Regeneración de África» (*Daniel Comboni, misionero y profeta*, Juan Manuel Lozano, Editorial Mundo Negro, 1995, p. 96). Esto sucede precisamente en el momento clave en que Roma iba a confiar al Instituto un territorio de misión. ¿Cómo era posible ser misionero de un Instituto que abandonaba la misión africana?

Comboni sigue fiel al juramento que hiciera a Don Mazza en su juventud, y a la promesa hecha a Oliboni en el lecho de muerte. Después de reflexionar, orar y consultar decide que no puede dar la espalda a África, aunque las dificultades pareciesen insalvables. Es tal la convicción de Comboni de que el Plan viene de Dios que continúa recogiendo apoyos para su puesta en marcha, pero necesita una institución u obispo que le dé el respaldo oficial.

Precisamente, cuando Comboni necesitaba más colaboradores en su obra, arrecian las calumnias y el abandono de sus más allegados colaboradores, como es el caso del P. Carcereri. Seguidamente, aquellos en los que más confiaba y necesitaba para la ejecución de su Plan, tales como el P. Sembianti o el obispo Canossa, dudan de su trabajo, influenciados por las calumnias que vienen desde distintos ámbitos. La cruz que todo esto supone, venía de sus más cercanos colaboradores, de forma hiriente, como se lo escribe al cardenal Alejandro Barnabó: «Ya veo y comprendo que la cruz me es tan amiga, y la tengo siempre tan cerca, que desde hace tiempo la he elegido por Esposa inseparable y eterna. Y con la cruz como amada compañera y maestra sapientísima de prudencia y sagacidad, con María como mi madre queridísima, y con Jesús todo mío, no temo, Emmo. Príncipe, ni las tormentas de Roma, ni las tempestades de Egipto, ni los torbellinos de Verona, ni los nubarrones de Lyon y París; y ciertamente, con paso lento y seguro, andando sobre las espinas, llegaré a iniciar establemente e implantar la ideada Obra de la Regeneración de la *Nigrizia* central, que tantos han abandonado, y que es la obra más difícil y fatigosa del apostolado católico...» (EE 1710).

La realidad de la misión africana no es alentadora. El obispo Ludovico de Casoria también renuncia a la misión africana por su situación económica y por la situación del personal misionero en que la misión se vio envuelta. Solo parece quedar en pie el Plan de Comboni. No era fácil asumir ni adherirse a un Plan, venido precisamente de aquel que pocos años antes tuvo que abandonar la misión, y que sea él precisamente quien ahora pretenda reavivar el interés y empeño por la misma. Los caminos de Dios le van mostrando un sinfín de cruces a la hora de implementar el Plan. No le queda otra que abandonarse en manos de la Providencia: «Confieso que no entiendo nada. Pero la tranquilidad de mi conciencia, y el saber que Dios realiza en el hombre los designios de su misericordia, me dan la fuerza de bendecir de todo corazón a la Providencia por este acontecimiento. Aunque mi mente sea incapaz de ver a través de la niebla del futuro, me aventuro en él con serenidad y confianza, sin preocuparme por las conclusiones que de ello pueda sacar el mundo. Doy gracias con toda el alma a los Sagrados Corazones de Jesús y de María, que me han concedido el honor y la gracia de ser admitido a beber un amargo cáliz, firme en la esperanza de que ayudará a mi salvación. Bendigo mil veces a los que hayan contribuido a hacerme sufrir esta tribulación, y siempre rezaré por ellos...» (EE 1049).

Comboni comienza una itinerancia cimentada en la confianza en la Providencia, en la fuerza de la memoria de su juramento a Don Mazza y en el encuentro con el P. Mariani, confirmándole en su clara vocación misionera. Es el momento de la soledad y del abandono de colaboradores y congregaciones religiosas, y los retos se amontonan, no solo porque necesita misioneros para reavivar la misión, sino también porque se necesitan, con urgencia, recursos económicos. Y, además, hay que afrontar muchos difíciles frentes, entre ellos el de las fundaciones de los dos Institutos que pensaba abrir en el Cairo, y que abrió el 29 de noviembre, uno para chicas y otro para chicos, para la formación de los africanos.

En este tiempo afloran en la vida de Comboni dos características que definen su talante y espiritualidad misionera. Por una parte, la confianza total en la Providencia y el recurso a la intercesión de san José para solventar los problemas económicos de la misión. Comboni se moviliza e involucra y, en consecuencia, continua sus viajes por Europa en su tarea de animación misionera y recogida de fondos. Es también, un tiempo de intensa actividad epistolar, de cartas y crónicas a diversas asociaciones misioneras, explicando el Plan, con el intento de unir esfuerzos para su ejecución. Cartas y documentación que han llegado, hasta nuestros días, y que nos sirven para conocer la espiritualidad de Comboni y tener una idea más precisa de la misión de su tiempo.

El Plan para la Regeneración va dando sus primeros frutos. Del sueño hay que pasar a la realidad, a la movilización, de la teoría a la práctica, del plan de Dios percibido en la oración a su aplicación concreta, que, a todas luces, humanamente hablando, parecía imposible. Son tiempos de intensa actividad para Comboni. Se entrevista con el papa Pío IX, para insinuarle que todo parecía indicar la necesidad de la fundación de una congregación misionera, para llevar adelante el Plan. En 1867, Mons. Castellaci escribe al obispo de Verona, Luis de Canossa, hablándole del Plan comboniano, y pidiendo su respaldo. Pero se complican las cosas y tiene que responder ante Propaganda Fide de las calumnias de sus colaboradores y su modo de gestionar la misión africana.

Roma le da a entender que necesita una persona o institución que le avale y apoye. Como sacerdote de la diócesis de Verona se dirige a su obispo, Don Luis de Canossa, quien parece que se convenció para respaldarle, y así puede fundar una humilde casa en Verona, el 1 de junio de 1867, el Instituto para las Misiones, aunque desde el punto de vista canónico, solo a título de prueba, para cuyo consentimiento económico crea la Obra del Buen Pastor. Así Comboni se convierte en fundador, aunque el obispo tenía sus dudas, a pesar de que Comboni siempre le respondía que confiara en la Providencia ya que «tenemos lengua para insistir, pluma para escribir y ánimos para soportar las repulsas» (EE 1431).

La itinerancia africana, en esta nueva etapa, está marcada desde este momento por los binomios desierto-camello y Nilo-*Stella Matutina*. Dos compañeros de camino, camello y barco, con los cuales Comboni se familiariza y que sin duda jugarán un papel importante en sus itinerancias y viajes a la misión. Son dos iconos que hacen de su vida misionera la constatación de la presencia de Dios con mediaciones que hablan y acompañan en el camino. En el barco *Stella Matutina* había una capilla donde Comboni solía poner delante de Dios las actividades misioneras que iba llevando a cabo. El tiempo interminable que pasa en ambos lugares, donde sin duda se han diseñado las acciones concretas para llevar adelante el Plan y los "planes" subsiguientes, han dejado huella en el alma de Comboni. En su primer viaje a África, desde Verona a Jartum, emplea unos cuatro meses, lo cual nos da una idea de todo lo que se podía gestar durante el trayecto. En el barco, como relata Comboni, además de llevar a cabo sus deberes religiosos, hacía de todo, escribía anotaciones en su diario que iban dejando marca en todo lo que veía y cómo lo interpretaba, contando historias y hablando de los avatares de la misión (cfr. EE 151-154).

También el espacio bíblico del desierto da para la reflexión. Comboni se refiere a él como peligro, incomodidad, privación y miseria. Las caminatas de hasta 22 días por el desierto, partiendo de Korosko y siguiendo por la región Nubia, primero en camello y en barca después hasta llegar a Jartum, con temperaturas de hasta 54 grados, con el vestuario pesado, los balanceos del camello, la carestía de alimentos, y la incertidumbre del camino, sembrado de huesos de camello esparcidos a lo largo del camino, no le podían dejar indiferente. Las privaciones estaban a la orden del día, siendo la escasez de agua la angustia más relevante en su constante peregrinaje (cfr. EE 201-202).

Reflexión: Cuando los otros no sintonizan

La soledad del profeta sale a flote al revelar Comboni su Plan para la Regeneración de África. Comboni es un buscador de un Dios que le ha buscado primero a él, y que toma la iniciativa y le acompaña en la fascinante tarea de buscar respaldos para el Plan. Comboni comienza a cimentar una aventura apasionante en su visión, compleja en su explicación y ardua en su realización. Se repite la constante, y en este periodo más, de la voz interior que le reitera continuamente y que subraya cada vez más, que el Plan es de Dios. Es una itinerancia que le deja solo en las manos de Dios, evitando así el afán de protagonismo que toda nueva iniciativa, y más en aquellas circunstancias, pudiera conllevar.

Buscando ayudas, Comboni navega en otro nuevo camino que le saca de sí mismo y de su yo egolátrico siempre al acecho. Es el momento de hacer el trayecto arduo y duro de perdonar las calumnias que arrecian, de soportar todo en medio de la tormenta y de buscar nuevos apoyos, también entre los que le habían ofendido. Llama a todas las puertas posibles, con respuestas de todo tipo. Pero esa búsqueda de ayudas se estrella contra el muro de las dudas humanas y de los que recelaban de su Plan. La soledad aparece con su lado frustrante e hiriente, pues poco van a tardar las calumnias de sus más cercanos colaboradores, que se intensifican, y las relaciones humanas que se enfrían, con don Francisco Bricolo, don Luis de Casoria y otros que aconsejaban una discreta y razonable retirada porque no veían futuro a la misión africana. Las concreciones y mediaciones se manifiestan en su versión amarga, pero se topan con la frase de Comboni de que todas «las obras de Dios nacen al pie de la cruz» (EE 2613, 3833, 4564, 5112).

Comboni no se arruga ante la confusión de los acontecimientos que afectan al Plan, y su presentación en algunos ámbitos eclesiales. Discierne lo que parece casi imposible aplicar, y continúa su itinerancia por Europa. Se necesita una espiritualidad de mucha fe y absoluta confianza, con ojos abiertos y desparpajo manifiesto, para afrontar los acontecimientos que se vislumbran en la implementación del Plan.

Comboni encuentra luz y fuerza en medio de la oscuridad, siempre en su "vuelta al primer amor", para poder enfrentar todo el vendaval opuesto a su Plan, en la ratificación de su auténtica vocación, que le aseguró el P. Marani, y en el juramento ante el moribundo P. Oliboni. Comboni discierne en medio de la incertidumbre y la oscuridad de los acontecimientos, el camino para la realización del Plan. Este se realiza también a través de las resistencias y obstáculos que encuentra en el camino. Quien siempre mueve ficha es el espíritu perseverante de Comboni, que hasta habla de ese mundo que «saca sus conclusiones», hasta puede ser que razonables, pero él en cambio, tiene que «beber el cáliz amargo». El profeta, como alguien dijo, es pregonero de un mundo que no es el suyo y que probablemente no verá. Comboni nunca reacciona con amargura ni venganza ante los "dimes y diretes" y las habladurías que circulan sobre su Plan. A medida que se intensifican las dificultades por su apuesta por la misión africana, ya abandonada por tantos, también aparecen signos de que Dios acompaña a quien envía.

116

Surgen signos discretos, que ayudan a presagiar un futuro esperanzador: Se restablece la Asociación del Buen Pastor; se obtiene personal en Europa y medios económicos para la misión; realiza otra expedición al África; y a mediados de octubre de 1876, tiene lugar la primera profesión religiosa de las dos primeras Combonianas. Pequeñas gratificaciones espirituales que alientan en la marcha y ratifican que la realización del Plan tiene el respaldo de Dios.

Comboni se desvive por la Misión africana. Desvivirse es la palabra que de alguna forma define su actitud ante la misión africana. Desvivirse significa, que todas sus energías, su vida, su tiempo, planes, esperanzas y preocupaciones tienen como centro de interés, lo que Dios ha generado en su mente y en su corazón. Desvivirse es la palabra que define su modo de ser y actuar en beneficio de la misión en su actividad de animación misionera en Europa tanto como en África. Sus cartas e informes a asociaciones misioneras rezuman y contagian el espíritu misionero de una vida entregada a la causa africana, obviamente con sus cruces, altibajos, luces y sombras, pero con la confianza puesta en Dios y sin desanimarse ante los obstáculos, incluso aunque parezcan insalvables.

Para meditar y orar

1. La soledad del discípulo y particularmente del misionero, muestra sus cartas, a veces dolorosas, en los acontecimientos, signos y sensaciones que uno encuentra en el camino variopinto de la misión. La soledad es compañera en la vejez, en la enfermedad, en las relaciones con los demás, o quizá en algún imprevisto o sueño irrealizado, en la inactividad obligatoria y frecuentemente repentina, e incluso en el sentimiento de una muerte cercana, así como en otras manifestaciones que se juzgan contrarias a los propios planes y deseos. ¿He aprendido a "lidiar" con las adversidades propias de la fragilidad humana? Hago memoria, de algunos momentos de soledad dolorosa y triste o constructiva y alentadora, en mi vida misionera. Lo verbalizo y comparto.

2. ¿No me he dado cuenta alguna vez, de que lo que más me desquicia en el itinerario de mi vocación misionera, no son los retos y adversidades que vienen de "fuera", sino el percibir que la comunidad, sea de cualquier índole, no sintonice con los deseos que yo vivo y anhelo?

3. Hago un recorrido histórico misionero de mis sueños e ideales realizados, y de otros que se han dado de bruces contra el muro de la realidad o de la institución a la que pertenezco. ¿Cómo salí del atolladero?

Al orar afino las teclas y quizá constato que la soledad, la incomprensión y el fracaso también muestran su influencia en algunas etapas de la vida. Las llevo a la oración y me familiarizo con ellas. Así, las afronto e incluso asumo como compañeras de camino. Y llevo a la oración los sueños e ideales aún no realizados y con la ayuda del Espíritu intento intuir los porqués.

La soledad del misionero itinerante

La experiencia de soledad en la vida de Comboni se muestra frecuentemente insistente, por la cantidad de retos que tiene que afrontar. Particularmente complejo y doloroso es el mundo de las relaciones interpersonales, los planes y expectativas de unos y otros y las exigencias que se imponen para la consumación del Plan. La soledad del misionero, a veces aflora con vehemencia, aunque esté rodeado de hermanos con los que convive o con quienes mantiene una relación por vínculos de estima y amistad. Pero la soledad se hace fecunda cuando está habitada por la presencia de Dios, como es el caso de Comboni.

Resulta sorprendente ver a un Comboni que cuanto más se siente solo, como experimenta después de la inspiración del Plan, más siente la necesidad de dar continuidad a la misión africana. Se trata de una soledad que se irá haciendo cada vez más dolorosa, hasta el final en su último "adiós", rodeado de un puñado de compañeros alrededor de su lecho de muerte.

La persona humana, a lo largo de su vida, alberga un listado de itinerancias, saludos y despedidas de tintes muy variados. El bebé se despide del útero materno y saluda al mundo, balbucea su tímido gemido al entorno familiar, para más tarde despedirse del hogar paterno y saludar a la guardería o al cole. Toda su vida está entretejida de saludos y despedidas, unas veces forzados, obligatorios, como son el nacimiento y la muerte, y otras veces alegres o dolorosas, hasta el fin de la propia existencia. El misionero por su servicio itinerante, está más familiarizado con los saludos y las despedidas, perceptibles por la nostalgia, el dolor de la separación, la distancia, y la vuelta a empezar.

Los "adioses" fueron frecuentes en la vida de Comboni: Las despedidas familiares que le causaron un torbellino, que le acompañará durante muchos momentos de su vida, la soledad familiar que es física, emocional e impactante en su vocación. Otro "adiós" experimentado por Comboni son las últimas palabras de Oliboni en el lecho de muerte. Y, aunque los "adioses" infunden desasosiego, a la vez pueden ser una inyección de esperanza para llevar adelante el último testamento del fallecido. Pero más punzante aún, fue el "adiós" inesperado de la separación del Instituto Mazza que le había dado todo y en donde había desarrollado su vocación misionera. Le siguen las despedidas y "adioses" dolorosos, conflictivos y las despedidas forzadas, de parte de algunos de sus colaboradores, bien por las calumnias lanzadas contra él o por otros motivos relacionados con la misión.

Soledad que se acentúa al ver que las congregaciones que antes colaboraban con él en África, abandonan la misión. Todo ello va dejando un poso de soledad, solamente asumible desde la cruz, con la cual Comboni se identifica sobre todo en los últimos años de su vida. Sin embargo, abandonado de todo consuelo humano, renueva su confianza en Dios. Esta soledad es la misma que vaticina a los aspirantes que opten por la misión africana en sus institutos: «El misionero que no tuviese un fuerte sentimiento de Dios y un interés vivo en su gloria y en el bien de las almas, carecería de aptitud para sus ministerios, y acabaría encontrándose en una especie de vacío y de intolerable desolación» (EE 2887).

La soledad es una tentación que a veces golpea al misionero que sigue los pasos de Jesucristo que asumió la última prueba de la soledad en la cruz. A esa cruz se abraza Comboni, exhausto en el lecho de muerte, pero acompañado por un pequeño grupo de colaboradores, intuye que su Plan continúa, con la pasión que desde entonces ha guiado a la familia comboniana en su quehacer misionero. El hecho de vivir en contextos donde los antivalores del Reino prevalecen y los resultados no siempre son proporcionales a los esfuerzos y energías invertidos puede dejar una huella difícil de gestionar en el corazón del misionero. Obviamente, alejado de los lazos humanos y afectivos, el misionero subraya la importancia de la comunidad y el camino realizado codo a codo con la gente con quien vive. Esa sana relación en ambos campos, comunidad y muchedumbre, amortigua la soledad humana de la entrega a la misión. Quizás la soledad más fuerte, en este sentido, llega expresada por la falta de empatía con los más cercanos, que no siempre comparten sus desvelos y anhelos, que quiere que estén en sintonía con el Evangelio.

Existe también la soledad del que desea compartir proyectos y sueños dentro de la comunidad, pero que constata que las reacciones son más bien de desinterés e indiferencia. De ahí que en la vida comunitaria del misionero sea esencial planear un proyecto común, con responsabilidades específicas y asumidas por todos, de lo contrario se resquebraja ese aspecto fundamental de caminar juntos. Retirado de la actividad y de cierta relevancia pastoral y social, el misionero puede, a su vez, encontrarse en la situación del paralítico de la piscina de Betesda, (Jn 5, 1-16), donde vemos no solo un enfermo, al parecer crónico, sino lo peor de todo a un paralitico que se siente sólo y abandonado. Al parecer, el enfermo está indefenso porque no tiene a nadie: «No tengo a nadie que me meta en el agua…». Su gran sufrimiento es «no tener a nadie». Y, como excusa, pone a los otros como objetivo de sus quejas, escondiendo sus propias debilidades, incapacidades y frustraciones. No tiene ese "tu" a quien pueda referirse, pero Cristo le sale al encuentro de forma sorprendente y todo cambia.

Frases para la posteridad

«Con tantos pesares como me agobian, convendrá en que es un milagro que pueda resistir el peso de tantas cruces. Pero yo me siento tan lleno de fuerza, de valor y de confianza en Dios y en la virgen María, que estoy seguro de superarlo todo, y de prepararme para otras cruces más grandes aún por llegar» (EE 1709).

«Recibo en este momento un telegrama concebido en estos términos: «Dal Bosco temo no vivirá hasta la noche. Responda… Ayer me llegó una carta anunciándome que mi padre lleva treinta y seis días gravemente enfermo. A esto añada las muchas cruces que la bondad de Dios se complace en darme. Nuestro querido Jesús es muy bueno: es una invitación verdaderamente amorosa que nos mueve a amarlo de verdad. No tengo palabras para dar gracias a Dios como es debido, y no sólo porque estoy confuso, pero que muy confuso» (EE 1779).

«Así, en favor de la santidad de una obra hablan las señales de reconocimiento, que consisten en la Cruz, en el dolor, y en las oposiciones, que a menudo levantan contra las obras de caridad los más graves obstáculos. Sí, sólo en este Vía Crucis cubierto de espinas maduran, se perfeccionan y encuentran su triunfo final las obras de Dios. Es un camino que recorrió también el Hombre-Dios para llevar a cabo su obra de redención universal» (EE 4772).

VII

La cruz, generadora de vida

En el caso de Jesús de Nazaret, no es de extrañar que su familia y la gente de la época no comprendieran ni su misión ni su estilo de vida, pues en el contexto de la sociedad judía, Jesús se presenta como un maestro más bien atípico y extraño. No sólo da muestras de indiferencia ante las preocupaciones de la vida, sino que ni forma una familia, no tiene una casa fija donde reclinar la cabeza, ni tiene una carrera profesional. Por otra parte, se le ve deambulando continuamente por los caminos de Galilea, de aquí para allá, predicando un Reino que no se sabe a ciencia cierta qué es.

Desde el inicio de su vida pública, Jesús da la impresión de ser «el hombre del camino». Vive como una persona itinerante, que se centra en que el Reino de Dios crezca, e insiste en liberar a la gente oprimida por el Imperio Romano de la triada judía del sábado, la ley y el templo. Todo lo que dice y hace, es que vino para hacer la voluntad de su Padre, con quien tiene una relación estrecha.

Con desparpajo inédito y, hasta cierto modo provocativo, Jesús dirige la atención de sus oyentes hacia los pájaros del cielo y los lirios del campo, conscientes de que, si ellos tienen lo suficiente para el día a día,

¿qué no dará Dios a los que cumplen su voluntad? Su libertad impacta a propios y extraños y su confianza en Dios es absoluta: «No andéis preocupados pensando qué vais a comer o a beber para sustentaros, o con qué vestido vais a vestiros» (Mt 6,25).

Centrado en la implementación del Plan para la Regeneración de África, Comboni no tiene otra pasión que la misión africana, y no hay nada ni nadie que le desvíe de tal empeño, para conseguir tal objetivo, volcando toda su energía, tiempo y sufrimiento, y en definitiva toda su vida entera, para llevar el Plan a su realización.

Crónica del itinerante del «África o muerte»

Comboni para su tarea, acoge a sacerdotes, religiosos y laicos que sintonizan con el espíritu misionero para así poder implementar el Plan para la Regeneración de África, y atender las obras comenzadas en Egipto. No todo eran malas noticias y el sentido eclesial va tomando cuerpo dentro de su Instituto. La asistencia en 1869 al Concilio Vaticano I, evento que convierte a Comboni en portavoz de África, aparece como una oportunidad para hacer conocer la situación de la Iglesia en África a la Iglesia universal.

A finales de 1869, comienza el Concilio Vaticano I, al cual asiste como teólogo del obispo Luis de Canossa. Comboni quiere que el Concilio intervenga en favor del África negra, y para ello no escatima esfuerzos, logrando incluir la penosa situación de la misión africana en el orden del día del Concilio. Tal iniciativa se concretizó en el documento *Postulatum pro Nigris Africae Centralis*, que acompaña con una carta aprobada el 18 de julio por el Papa Pio IX, que fue apoyado también por otros obispos que asistían al Concilio venidos de las misiones de China, Japón e India. En él, se pedía que dirigieran una mirada compasiva al África negra, y que se facilitaran misioneros y ayudas económicas para tal fin. Aunque el *Postulatum* fue modificado unas veinte veces, finalmente se imprimió el 24 de junio de 1870, no obstante debido al inicio de la Primera Gran Guerra que estalla en Europa, se clausura el Concilio y las esperanzas de conseguir misioneros y ayuda para la misión se desvanece.

Durante dos años, Comboni continúa su plan de animación misionera por Europa, encontrando en su animación misionera que, entre los espinos, también hay flores. En el Cairo ya hay seis sacerdotes, cuatro hermanos y un seminarista. También se han establecido los Institutos de Verona, que se fortalecen sobre todo después de la reapertura de la Asociación del Buen Pastor. Y aunque tiene dificultades para encontrar un rector para su Instituto, sus misioneros en Egipto hacen expediciones al interior de África Central con el fin de abrir nuevos puestos de misión.

Al grito de guerra: *¡África o Muerte!*, comienza el rodaje del Plan, operado por Comboni, el apóstol de África que, unido a su pasión por la misión, irradia un celo apostólico que contagia. La entrega a la causa africana conllevaba su dosis de martirio expresado en la aceptación de la cruz, a la que no dudará en llamar esposa. No solamente acepta la cruz en fidelidad a la misión recibida, sino que incluso pide a sus amigos y bienhechores que recen para que Dios le envíe más cruces, prueba evidente de que lo que tenía entre manos era una gran obra de Dios y por tanto con un futuro esperanzador. Se reafirma, entonces, que la Cruz es también generadora de vida.

Por fin, Mons. Luis de Canossa publica la aprobación oficial del Instituto masculino para las Misiones de África en 1871, y el femenino, el primero exclusivamente misionero, en 1872. Se encarga oficialmente a Comboni la misión de África Central, donde el crecimiento de la misión se ve frenado por el ansia de poder y los desacuerdos pastorales y estratégicos de algunos colaboradores Camilos. Es precisamente a estos a quienes Roma, en 1876, invita a abandonar la misión ya que la situación entre ellos y Comboni era insostenible.

Comboni realiza otra expedición a África y al llegar a Jartum en su primera homilía como responsable de la misión expresa lo que anida en su corazón: «El primer amor de mi juventud fue para el África negra. No ahorraré cansancios ni viajes, ni la vida para salir adelante con esta empresa; moriré con África en los labios» (EE 3156). Visita las misiones de El Obeid, Berber, Malbes y Delen, y en 1876 recibe la profesión religiosa de las dos primeras Combonianas. El proyecto de fortalecimiento de la misión consigue sus frutos concretos, y la esperanza se va abriendo camino entre la maraña de calumnias que vienen de tantos frentes. El 2 de julio de 1877, Comboni es nombrado Vicario Apostólico del África Central y consagrado el 12 agosto, tiene un pequeño grupo de colaboradores, entre ellos tres religiosas de San José de la Aparición, en total son once y continúa mandando a la misión otros colaboradores, un carpintero, un farmacéutico y un organista. Cinco maestras africanas trabajaban en el colegio para muchachas coptas y musulmanes. Son pequeños inicios de una gran tarea todavía por realizar.

Comboni aún saca fuerzas de flaqueza y continúa la lucha contra la esclavitud que asolaba África, y es muy sensible a esta "plaga de la humanidad", y, aunque la esclavitud ya había sido abolida por los acuerdos internacionales, sin embargo, los jefes musulmanes locales hacían caso omiso y la trata de esclavos continuaba haciendo estragos en la población. En las cartas que enviaba Comboni a sus amigos les describía las redadas en las que los niños eran arrancados literalmente de los brazos de sus padres por los esclavistas. El mismo jedive de Egipto había enviado una nota a los jefes locales en la que decía que Comboni era un enemigo acérrimo de la esclavitud.

En su primera carta al clero como obispo, Comboni condenaba toda la colaboración directa o indirecta con los esclavistas. Algunos cristianos también, de alguna manera, colaboraban en esta trata y su comercio, proporcionándoles fusiles, pólvora y dinero. A todos ellos, Comboni amenaza con la expulsión de la Iglesia. Con los demás, Comboni utiliza la diplomacia, presentándose ante los funcionarios del gobierno como amigo del cónsul austriaco y con su respaldo se permite anunciar al gobernador de Jartum: «Llevaré a la misión a todos los esclavos que encuentre dentro y fuera de la ciudad y no los devolveré más. Lo mismo haré con todos los que vengan a la misión para denunciar los malos tratos infligidos por sus amos» (EE 3241). La misión de Comboni no solamente condena la esclavitud, sino que se convierte en refugio de esclavos. Una nueva situación de sufrimiento le reafirma que solo la cruz da la identidad profunda y original del trabajo misionero, en donde el desaliento ante el mal constituye una de sus tentaciones.

A la suspensión del Concilio y a la dificultad de hallar un rector para el seminario de misiones que el cardenal Barnabó le pidió urgentemente, se añade la búsqueda de ayuda económica para proveer a las casas de El Cairo. De ahí que la itinerancia europea se intensifique para animar a la Iglesia de Europa en favor de la misión africana. Las tensiones con el P. Carcereri arrecian del 1875 al 1877 debido a una estrategia diferente en la construcción de los edificios y en el número de misioneros en cada establecimiento. A Carcereri, se une P. Franceschini, y Comboni se lo explica, en carta dirigida a Mons. Luis Ciurcia, el 18.11.1870: «Ahora paso –dice Comboni– a someter a V. E. un asunto más que serio, en disputa entre el P. Carcereri y yo, y que me ocasiona profunda aflicción. Yo pido al Señor cada día: primero, cruces, que son necesarias para implantar bien y hacer fecundas las obras de Dios; segundo, personal masculino y femenino penetrado del espíritu de J. C.; tercero, medios pecuniarios y materiales para mantener su Obra. La bondad divina es sumamente amorosa al concederme sobre todo la primera gracia» (EE 2340).

El grito ¡*África o Muerte*! resuena como un grito de guerra debido a la desproporción entre la inmensa labor que se avecina y los pocos medios para conseguir los objetivos deseados, pero Comboni no desiste. Hay otras críticas porque alquila dos casas, anteriormente convento de los Maronitas y otras mentiras y calumnias que florecen continuamente, precisamente cuando comenzaba a despegar la misión africana. Comboni tiene abiertos muchos frentes, pero el más doloroso seguramente es el hecho de tener que responder ante Propaganda Fide de las mentiras de sus colaboradores que le acusan por el uso inapropiado del dinero. Calumnias que vienen de sus más estrechos colaboradores. En 1873 el P. Franceschini al volver de África a Roma, entrega un informe a Propaganda Fide, en el que se afirma que el Vicariato se había arruinado, y se acusaba a Comboni de no respetar los contratos con los Camilos y las Hnas. de san José de la Aparición, además de ser un mal administrador de los bienes, ligero en el obrar e incapaz de dirigir bien las varias estaciones misioneras. Otros, incluso le acusaban de que no tenía una conducta privada ejemplar, motivo que le causa un gran pesar y dolor a Comboni y sobre todo a su padre. Propaganda Fide, a su vez, pide a Comboni que escriba su propio informe sobre el Vicariato desde 1872. En él, Comboni, incluso menciona los méritos de los PP. Carcereri y Franceschini. Viaja a Roma para esclarecer la situación de que se le acusaba, y paradojas de la vida, va como acusado y sin embargo vuelve como obispo.

A finales del 1877 vuelve a África, donde las penurias de la sequía y el hambre continúan minando la misión y también su propia salud. No es extraño percibir que la misión conlleva sufrimientos debido a la pesada cruz, como se lo dice al cardenal Barnabó:

«Ya veo y comprendo que la cruz me es tan amiga, y la tengo siempre tan cerca, que desde hace tiempo la he elegido por Esposa inseparable y eterna. Y con la cruz como amada compañera y maestra sapientísima de prudencia y sagacidad, con María como mi madre queridísima, y con Jesús todo mío, no temo, Emmo. Príncipe, ni las tormentas de Roma, ni las tempestades de Egipto, ni los torbellinos de Verona, ni los nubarrones de Lyon y París; y ciertamente, con paso lento y seguro, andando sobre las espinas, llegaré a iniciar establemente e implantar la ideada Obra de la Regeneración de la *Nigrizia* central, que tantos han abandonado, y que es la obra más difícil y fatigosa del apostolado católico...» (EE 1710).

A caballo entre dos mundos, Europa y África, la itinerancia de Comboni es un constante viaje de ida y vuelta. Además, tiene que atender el Vicariato, al volver a Jartum como provicario de África Central y como pastor y padre que torna a ver el rebaño a él asignado. En este viaje de vuelta al corazón de la misión africana, su ansiada vuelta a casa, al lugar que le correspondía y donde el corazón, a tenor de lo expresado por él mismo, se sentía en su hábitat natural, y así queda plasmado para siempre en la homilía en Jartum, el 11 de mayo de 1873: «Partí por obedecer; pero entre vosotros dejé mi corazón, y, habiéndome recobrado como Dios quiso, mis pensamientos y mis actos fueron siempre para vosotros. Y hoy, finalmente, recupero mi corazón volviendo junto a vosotros para abrirlo en vuestra presencia al sublime y religioso sentimiento de la paternidad espiritual, de la que Dios quiso que fuese investido, ahora hace un año, por el supremo Jerarca de la Iglesia Católica, nuestro señor el Papa Pío IX. Sí; yo soy ya vuestro Padre, y vosotros sois mis hijos, y como tales por vez primera os abrazo y estrecho contra mi corazón». (EE 3156-3157).

Otra señal que Comboni ve como signo de Dios, y que subraya la tan susodicha vivencia de que Dios acompaña a quien envía, es la promulgación de su ordenación episcopal, el 12 de agosto de 1877, en el colegio de Propaganda Fide. El 1 de enero de 1872, se inauguraba en Montorio (cerca de Verona) el Instituto de las Pías Madres de la Nigricia (luego Combonianas), con solo una postulante, María Caspi. Pequeños pero significativos logros para el que tiene la capacidad de escrutar la realidad y ver más allá de la superficie de los acontecimientos. Y finalmente con la petición de Canossa, obispo de Verona, al papa Pio IX para que confíe una misión en África Central al Instituto de las Misiones para el África Negra.

Los frutos, de hecho, ya habían aparecido antes, como fue la figura de Don Pío Hadrian, un sacerdote africano que de niño había sido apresado por los esclavistas y que tuvo la suerte de ser rescatado por Don Olivieri, estudió en Italia y se ordenó sacerdote, regresando a África con el grupo de Comboni. Asimismo, Comboni asiste al bautismo de una africana adulta conocida de Don Pío. Pequeños signos de cruces que van creando vida y generando esperanza. El Plan de salvar a África con África comenzaba a dar sus frutos. En este tiempo, Comboni enferma varias veces debido a las fiebres, y el insomnio le debilita considerablemente.

Reflexión: La itinerancia deja su impronta en el camino

La itinerancia cada vez más dolorosa de Comboni nos revela a un misionero apasionado por África que podemos definir como un "concreto universal". Es decir, se erige como un icono de la universalidad de la Iglesia, a quien desea presentar constantemente la situación precaria de la misión africana. Comboni apunta su brújula hacia el norte, con los viajes a Europa, desconocedora de la realidad africana, y a veces cómplice en el expolio y la esclavitud que se cierne sobre África. Va por los caminos de Europa, también para recoger apoyos y respaldos de todo tipo. Se refleja también en él una acentuada universalidad, demostrada en sus esfuerzos vanos en el Concilio Vaticano I y su *Postulatum*, donde él pedía a diferentes fuerzas eclesiales, esa universalidad, que quedó frenada por la clausura del Concilio.

La itinerancia de Comboni es un peregrinar hacia las personas. Comboni experimenta que para llegar al corazón de las personas hay que recorrer un camino de tensiones y conflictos a través de un camino humillante y doloroso. Esta itinerancia le acarrea no pocos contratiempos, como desgaste de energías, la dificultad de encuentros y conocimientos de pueblos nuevos y el difícil intento de cercanía a las personas que él amaba. La experiencia de corazón a corazón de cada persona, paradójicamente, suele ser la distancia más larga y difícil de recorrer. La itinerancia de Comboni emerge con un corazón de padre y pastor y adquiere dimensiones nuevas en su itinerario por los caminos de Europa, que aún veía a los africanos con prejuicios. Más que una llamada parece una llamarada que va iluminando mentes y corazones por dondequiera que pasa.

En el itinerario misionero de Comboni, Dios marca los tiempos y los contratiempos. Desposeído de todo y abandonado de las congregaciones que antes le respaldaran, y un etcétera interminable de adversidades que se agolpan en torno a la misión, Comboni continúa con la realización del Plan. El modo como él percibe la presencia de Dios en su vida, choca con la lógica humana. Es Dios quien marca los tiempos y, a su vez, la intensidad de los contratiempos. Cómo percibir esa presencia que acompaña y da fuerza para no arrojar la toalla y seguir perseverando, es una gracia de Dios. Y cuando Comboni se encuentra más agotado, siempre hay pequeñas luces, "visita de ángeles" o mojones en el camino que invitan a seguir adelante.

Los tiempos de siembra son también tiempos de cosecha. Los frutos y resultados de la misión y del trabajo que el misionero tiene entre manos no pueden centrarse primeramente en los resultados, ni tampoco pueden éstos imponerse como una obsesión. Comboni sabe que la obra que tiene en sus manos es inmensa y difícil, y, de hecho, no se divisan fáciles milagros ni presencias espectaculares de Dios en la itinerancia del misionero de África Central. Pero sí vislumbra suficientes indicios y discretos signos, que le inducen a pensar en la necesidad de beber de la fuente inagotable que sostiene y orienta su actividad misionera: su confianza en Dios.

El misionero se confronta con la paradoja y constatación del árbol, en el que la raíz no ve el fruto. A la
raíz del árbol bien le agradaría ver el resultado de su
oscuro y nunca reconocido esfuerzo y trabajo. Es decir, el fruto. De hecho, a la raíz subterránea la deja, en
principio, en el anonimato, peor aún, incluso le toca
trabajar más, para que los otros –la rama, el tronco, la
hoja, la flor o el fruto– salgan a la vista y admiración
de todos. ¡Misterioso y oculto el trabajo de la raíz!
Comboni, con esa sabiduría propia de los santos, es-
cribió que el misionero «era una piedra escondida en
el gran edificio de la Iglesia» (EE 2701). Sacaba así la
conclusión de la dificultad de ver los frutos proporcionales en el trabajo misionero, ya que no siempre el
esfuerzo invertido se corresponde con los resultados
obtenidos.

La misma realidad se percibe hoy, que vivimos
en una sociedad donde se han sacralizado los resultados y se exige su gratificación inmediata, pero la
vida misionera nos da la posibilidad de ver las cosas
desde otra perspectiva. El misionero sabe que lo importante es sembrar y regar. Eso sí, con una buena
dosis de dedicación y sin afán de protagonismo, ser
piedras escondidas es un gran reto. Quizá algún día
descubramos que lo esencial es invisible a los ojos
como dice el libro del "Principito" y que esas raíces
que no vemos son mucho más importantes que los
frutos atractivos y vistosos, que engañan nuestros
ojos.

La imagen del Buen Pastor se revela también en la
lucha contra la esclavitud. Comboni refleja en esta

etapa de obispo de África Central, la pasión del pastor que va en busca de la oveja perdida. Su lucha contra la esclavitud refuerza su condición de instrumento de Dios en favor de los últimos. Parece disparatado apostar por África Central precisamente cuando la situación parecía, a todas luces, una empresa imposible. Aunque ya en el siglo XIX se había establecido en Europa un movimiento antiesclavista, su impacto apenas tuvo consecuencias importantes. Comboni informa a diestro y siniestro, particularmente a Propaganda Fide, de tal lacra y sus consecuencias para la misión africana. Había muchas teclas que tocar para que la lucha antiesclavista tuviera resultados visibles.

La correspondencia epistolar de Comboni en este tiempo manifiesta un amor esponsal con el pueblo africano que no se romperá hasta que dé con sus huesos en la tumba. También se genera en Comboni un sentido de paternidad espiritual, pues se ve unido a su pueblo y a su gente como el pastor a las ovejas, por los lazos de la fe y de la unión esponsal entre ambos: «Yo vuelvo entre vosotros para ya nunca dejar de ser vuestro, y totalmente consagrado para siempre a vuestro mayor bien… Vuestro bien será el mío, y vuestras penas serán también las mías» (EE 3158). El corazón apasionado del pastor no se para a pensar las consecuencias de su entrega y dedicación a la grey. La unión del pastor y las ovejas es una relación esponsal y una alianza eterna hasta la muerte: «Quiero hacer causa común con cada uno de vosotros, y el día más feliz de mi existencia será aquel en que por vosotros pueda dar la vida» (EE 3159).

Para meditar y orar

1. A lo largo de mi vida, ¿he ido creciendo en la identificación eclesial, misionera y congregacional o percibo que hay un cierto desencanto y sentido de pertenencia un tanto frágil e indeterminado, a esos niveles?

2. La itinerancia misionera requiere flexibilidad en los talantes tanto pastorales y eclesiales, como comunitarios, siempre en aras de una mejor y más ansiada comunión y entendimiento. ¿Me alegra o más bien me resulta difícil salir de mí mismo y de mis posicionamientos, para ir al encuentro del otro y solventar lo que parece imposible?

3. Haciendo memoria de las señales de Dios en el camino de mi vida. ¿Cuál es el sentimiento que prevalece a lo largo del mismo, como tónica habitual? ¿Es de miedo o de confianza, de serenidad o de constante preocupación, de deseo de seguridad o de abandono confiado en las manos de Dios?

Al orar, buceo en lo profundo de mi corazón, siento sus palpitaciones y rumio lo que ellas me van revelando. Aprendo a escucharlas en la oración para así poder entrar en el corazón de Dios. Contemplo las gratificaciones, los desencantos, las esperanzas, los sueños y las adversidades de mi vida, y de ahí y con la ayuda del Espíritu, las verbalizo y pido la gracia de abrirme siempre a la esperanza.

De la explicación a la implicación.

Un proceso alentador y optimista comienza para Comboni, con la propagación del Plan para la Regeneración de África diseñado por él. Sus planes de cara a la segunda andadura misionera en África adquieren una inyección de vitalidad, sobre todo una vez ordenado Obispo del Vicariato del África Central, en 1872. Pero hay que movilizarse y prepararse para afrontar las tensiones de las mediaciones humanas, los altibajos de los colaboradores, los deseos truncados, las promesas fallidas, y seguir caminando sin perder el norte.

Es interesante notar que, a partir del período de la elaboración y expansión del Plan, la vida de Comboni está marcada por señales complejas, pero todo depende también de la lectura que se haga de ellos. Para el que se siente invadido por un pesimismo y un fatalismo humanamente razonables; o, por el contrario, para el que tiene la capacidad de ver todo con una espiritualidad de ojos abiertos y mucha fe. Se impone, entonces, el constante y continuo e inevitable discernimiento para ver y hacer la voluntad de Dios, a pesar de tantos intereses humanos que tiene que afrontar. Los hitos del camino que inspiran el itinerario de la vida de Comboni le dan la fuerza para enfrontar lo que a otros misioneros los llevaría a rendirse y buscar destinos y remansos más gratificantes y consoladores.

La implementación del Plan pasa por la mediación de las personas y los acontecimientos que surgen en el camino itinerante. Algunas de esas mediaciones humanas con las que Comboni contaba se esfuman, dando al traste con algunos de sus proyectos en África. Ahí, aparece la cruz que desinstala y expropia, pero que libera de la suficiencia estéril de cerrarse uno en sí mismo. Una oportunidad para que Comboni no solo que se abandone en el Otro, sino también para ir viendo que el plan de Dios se realiza en la fidelidad al Padre y el servicio a los africanos. Es la fidelidad que se expresa en la donación de sí mismo, no condicionando su trabajo únicamente en la eficacia de la salvación, sino dando más espacio al Señor y dejando de lado los propios proyectos personales.

Comboni realiza la voluntad de Dios con el convencimiento de que, en las situaciones de aparente fracaso, hay siempre un germen de esperanza. En definitiva, plasma la espiritualidad de ojos abiertos que pedía en las primeras reglas del Instituto por él formado, a los aspirantes de su Instituto misionero con los ojos «fijos en Jesucristo» (EE 2721). La experiencia misionera, los contactos con personas y asociaciones misioneras y eclesiales le da pie para hacer una lectura providencial de la misión africana. Arrecian también las enfermedades, el hambre y la carestía de agua en los últimos años de su vida. Y, finalmente, percibe el aleteo del Espíritu incluso en las deserciones de sus más allegados colaboradores, además de las calumnias humanas que aumentan, las acusaciones del uso del dinero y de su conducta moral en la protección de la religiosa Sor Virginia Mansur.

El misionero, hijo de su tiempo, también experimenta que hay una cierta incapacidad para asumir la cruz como condición indispensable del seguimiento de Cristo. En el fondo, detrás de las situaciones de cruz está la huella oculta de Dios que invita a seguir al Maestro sin descuentos, rebajas ni ambigüedades. Morir a uno mismo y cargar con la cruz es una señal que incluso, a veces, en ambientes misioneros se tiende a aparcar y buscar otras rutas más en línea con las tendencias del mundo. Se pretende, sin quererlo, reafirmar el axioma humano de pensar que es mejor que todo esté bien atado y bien controlado, que no abandonarse en manos de la Providencia. En tiempo de tempestades, preferiríamos más bien una compañía de seguros que ponernos en manos de Dios y caminar en medio de la confusión de los acontecimientos y de los contratiempos de la vida humana. La respuesta de Jesucristo está en su propuesta de que no se trata de ir solos a la cruz y al martirio, sino con Él.

El misionero sigue ese ejemplo de Cristo, en cuya vida los momentos de cruz parecen dar alas al Maligno, peor aún, parece que incluso Dios calla, en lugar de mostrarnos que sólo Él tiene la última palabra. El fracaso parece evidente, pero si Dios calla es porque en la vida del misionero se está gestando una palabra nueva. Solo la cruz nos da la identidad profunda del ministerio misionero, en donde el desaliento ante el mal constituye la gran tentación.

La cruz está también siempre presente de una u otra manera, en la vida de toda persona humana, y muy especialmente en la vida del misionero comboniano. Nos deja sin seguridades, pues no entra dentro de nuestros "programas", ni entra en los planes diseñados por nosotros, y a menudo aparece de repente y bruscamente en escena, y con una cierta urgencia de solucionar los imprevistos. La respuesta de Comboni a las cruces, es que son motivo de esperanza, ya que son el sello que Dios pone a sus obras. Vivir la cruz, en Comboni y en el misionero, es incorporar las actitudes de vida de Cristo y sus valores y dejar, de por vida, los del mundo.

Misión y cruz afloran en Comboni y en la vida del misionero con frecuencia si éste es coherente con su condición de enviado y mantiene la pasión por el Reino. Basta echar una ojeada a sus "Escritos", en su índice analítico para ver que el tema de la cruz es el más frecuente en sus cartas y en su vida. Comboni ve su trabajo como la presencia sacramental de los sufrimientos del Buen Pastor por todos los africanos: «Hemos sufrido mucho, pero por gracia de Dios, nuestro apostolado ha salvado un número bastante grande de paganos. Además, hechos así participes de la Pasión de Jesucristo, ardemos en un deseo cada vez mayor de sacrificar nuestra vida por Cristo y por los negros» (EE 5828).

La identificación de Comboni con la cruz y la familiaridad con ella, resulta chocante y a veces un tanto extraña. El modo de cómo se dirige a ella deja un interrogante en quienes no estamos acostumbrados a verbalizar tal relación. La tilda de «esposa», «esposa inseparable y eterna» (EE 1710), «madre sapientísima», un lenguaje más propio de una auténtica experiencia mística. En el fondo subyace el pensamiento de que no es posible salvar a un pueblo de crucificados sin dejarse crucificar con ellos. El rechazo de la cruz, desmentiría al apóstol de la presencia eficaz de Cristo el Buen Pastor. Señala también la cruz, como «compañera querida» y «sello de las Obras de Dios». Pero, por encima de todo ello, Comboni ha percibido que «la cruz es el camino real por el que conviene pasar a quien le interese llegar al triunfo» (EE 5873).

Frases para la posteridad

«Estas oraciones… no deben tener como finalidad el alejamiento de las cruces, de las congojas, de las penalidades y de las privaciones extraordinarias a las que estamos sometidos nosotros y nuestros misioneros, porque la cruz y las más grandes tribulaciones son necesarias para la conversión, la estabilidad y el progreso de las obras de Dios, que siempre deben nacer, crecer y prosperar al pie del Calvario» (EE 5258).

«Tenía que tratar ya con el cuerpo eclesiástico de la Misión, ya con el Gobierno egipcio y con las autoridades consulares de Francia, Austria e Italia. Me encontraba además entre un clero de diversos ritos orientales, y en medio de sectas de herejes y de la predominante masonería. El jefe de un nuevo Instituto debe tener, en cuanto a esto, los ojos vigilantes y atentos a todo y andar con pies de plomo. Tampoco dejé de ponderar bien mi difícil posición de cara a los miembros del Instituto, al frente de los cuales me encontraba…» (EE 2507).

«Y confío en haber reparado las pérdidas habidas en el año terrible, espantoso, de 1878-79, que diezmó a los obreros de la viña a mí encomendada. Espero en el dulcísimo Corazón de Jesús que ni los tiempos borrascosos, que menguan las vocaciones, ni las calamidades y la muerte, ni ningún obstáculo, podrán impedirme organizar bien y consolidar mi Vicariato, por el cual estoy dispuesto a dar cien veces la vida con tal de ganar a aquellas gentes para la fe de Jesucristo» (EE 5897).

VIII

Itinerancia hacia la casa del Padre

Los Evangelios nos hablan de un Jesús de Nazaret que viene a la tierra y que, concluida su tarea entre nosotros, vuelve al seno de Dios después de la Ascensión. Lucas presenta a Jesús como el Divino itinerante que se abaja y desciende del cielo a la tierra para caminar con la humanidad, y que retorna al Padre, para acercar a los hombres al corazón de Dios. En su caminar, Jesús se encuentra a menudo con hombres y mujeres, come y bebe con ellos y celebra la fraternidad, irradiando un mensaje de esperanza y liberación, para que nadie quede fuera de la influencia del amor de Dios.

La itinerancia de Jesús de Nazaret, como la nuestra, tiene fecha de caducidad. Un momento incuestionable de la vida humana, que es la despedida de la vida terrena. Constatamos, así, que somos aves de paso y con un final por el que todos pasamos, el dintel de la muerte. Y, aunque anide en el corazón humano el deseo de la eterna permanencia, a pesar de poner todas sus fuerzas y deseos, no puede perpetuarse nuestra estancia humana en este mundo. La vida en plenitud está en la casa del Padre, y el que está permanentemente en camino, parte con la ventaja de que está desapegado de lo terreno, y como en la vida misionera, es en definitiva un camino de itinerancia interior, de peregrinación hacia el Padre.

Crónica del itinerante cuya estela perdura

Aunque a estas alturas de su vida, todavía le quedan a Comboni cuatro años de sufrimientos, calumnias, abandonos y contratiempos, su fe en el Corazón de Jesús, es tal, que sigue creyendo en el éxito de la misión africana, sin desfallecer hasta el final. Esa referencia al Corazón de Jesús, símbolo que destaca también en su escudo episcopal, acapara toda su atención, sobre todo en esta última etapa de su vida. Esa referencia a los Corazones de Jesús y de María, firma sus cartas y consagra el Vicariato a su protección, a los cuales se unen la cruz y África, que podríamos decir que son, la triada divina de la espiritualidad comboniana. Tres símbolos que se funden en uno solo.

Pero, a medida que nos acercamos al final de su vida, las cruces arrecian, signo evidente de que Comboni se está identificando con el anonadamiento de Cristo, entregado, muerto y resucitado. En carta al Card. Juan Simeoni, del 3 de octubre de 1881 lo explicita claramente: «*¡Dios mío! ¡Siempre cruces! Pero Jesús, dándonos la cruz, nos ama. Y aunque todas estas cruces pesan terriblemente en mi corazón, aumentan a la vez su coraje para librar las batallas del Señor, porque las obras de Dios nacieron y crecieron siempre así…*» (EE 7225).

A todo esto, se añaden las cruces de la sequía, que a partir de 1878 se va apoderando de África Central. El Nilo no llevaba casi agua, lo que impedía el riego. El resultado no se hizo esperar: los precios se disparan, el maíz escasea y el agua se vende a precios desorbitados. Como consecuencia aparece el fantasma del hambre. A todo el mundo que llamaba a las puertas de la misión en busca de comida, se les ayuda y evidentemente llegan las deudas, que Comboni intenta paliar con la ayuda de sus bienhechores de París, Lyon y Colonia.

Esencial al carisma misionero comboniano es la fidelidad a la cruz, imprescindible para entender su vivencia y el seguimiento de Jesús. Vivir la cruz, para Comboni, significa incorporar las actitudes de Cristo a su propia vida. Misión y cruz emergen y van a la par en la itinerancia misionera de Comboni, sobre todo en estos últimos años. No es de extrañar, por lo tanto, que la cruz como el martirio estén muy marcados en las reglas del Instituto: «No será admitido en el instituto ningún eclesiástico o seglar que no se considere dispuesto a consagrarse por entero y hasta la muerte a la Obra de la Regeneración de la *Nigrizia*, y que tenga el ánimo firme y resuelto de morir a su propia voluntad…» (EE 2654).

La aparición de las enfermedades, sobre todo el tifus y la viruela, son otras cruces cuya presencia se hacen hartamente familiares y como consecuencia sufre la muerte de muchos misioneros y misioneras. Comboni hace no sólo «de obispo, párroco, vicario y administrador, medico, enfermero sino también de sepulturero» (*Positio*, pág. 1037). Abandonan la misión algunos colaboradores suyos como las hermanas de San José de la Aparición que tanto habían ayudado a Comboni. Unos se retiran, otros se encuentran cansados, y él mismo era presa de las fiebres. Todo parecía desmoronarse a su alrededor, pero él sigue con esperanza: «Si la carne es débil, el espíritu está siempre dispuesto. Yo permaneceré en mi puesto hasta la muerte» (EE 5329). Oraba y pedía a otros que orasen por la misión, donde paradójicamente se estaban bautizando más catecúmenos que nunca.

Comboni vuelve a Italia en mayo de 1879, su último viaje a Europa, y se encuentra con que la situación de los Institutos por él creados no era muy optimista, por muchas causas, también debido en parte al poco entusiasmo del obispo Canossa. En diciembre del mismo año, el P. José Sembianti asume el cargo de rector del Instituto Misionero de Verona. En su visita, Comboni recae con una fuerte fiebre que le debilitó tanto que hasta llegó a pensar que su fin le había llegado en Europa: «Esto me afligía –decía en una de sus cartas–, y me daba vergüenza, porque el soldado debe morir luchando en el campo de batalla» (EE 5829). Y, aunque a mediados de 1879 consagraba e imponía el crucifijo a ocho misioneros y religiosas, sin embargo, en Verona, el rector de los Institutos, el padre Sembianti y el obispo Canossa, sacan a colación nuevas calumnias, precisamente de aquellos en quien más confiaba.

Los viajes itinerantes misioneros de Comboni en las condiciones en que se realizan con sus respectivas idas y venidas, revelan un constante viaje de ida y vuelta al corazón de la misión africana y a Europa en busca de apoyos humanos y económicos: «Una misión tan ardua y laboriosa como la nuestra no puede vivir de la apariencia, con santurrones llenos de egoísmo y pagados de sí mismos, que no se ocupan como es debido de la salvación y conversión de las almas. Hay que inflamar a sus miembros de una caridad que tenga su fuente en Dios, y del amor a Cristo; y cuando se ama de verdad a Cristo, entonces son dulces las privaciones, los padecimientos, el martirio...» (EE 6656).

Vuelve a África por última vez a finales de 1880. Se dedica a visitar las misiones en camello, a través de largas caminatas itinerantes de hasta treinta días por el desierto, lo cual debilita aún más su ya frágil salud, y a pesar del cansancio, sigue su enorme actividad pastoral en Jartum, El-Obeid y Malbes, donde D. Antonio Dobale, ya sacerdote africano, guía la pastoral del poblado. El 15 de marzo de 1881 cumple sus 50 años. Vuelve enfermo a Jartum después de un largo viaje. Escribe sus últimas cartas, sufre violentas fiebres, en las que dice «Soy feliz en la cruz...» El camino de la misión africana que Dios le había trazado era el de la cruz, como él decía a menudo, y así sigue hasta su muerte. En los primeros días de octubre mueren varios de sus compañeros, entre ellos, el día 9, el P. Fraccaro, a quien Comboni le había nombrado Vicario General. El martirio siempre estuvo presente en su vida, y así lo refleja en las Reglas para los aspirantes que querían dedicarse a la misión africana, como le dice por carta a la Madre María de la Anunciación Coseghi, de las Madres Servitas de Arco, en julio de 1878, donde reafirma esta idea: «La misma Madre de Dios fue la Reina de los mártires, y es preciso pasar por el martirio, por la sangre y por la cruz...» (EE 5281).

El 10 de octubre de 1881 por la mañana, recibe con devoción los sacramentos, Comboni entra en agonía, expirando a las 10 de la noche, y habiendo pedido perdón a todos, cayó en delirio, y dejaba África para seguir intercediendo por ella, en su última itinerancia hacia la casa del Padre.

Comboni dejaba tras de sí un pequeño grupo casi insignificante de misioneros, como ya ocurriera en la muerte de D. Oliboni. Todos ellos se suman al grito de Comboni: «No temáis, yo muero, pero mi obra no morirá». El grupo, a pesar de la desolación por la muerte de Comboni y otros misioneros, por la carestía, las hambrunas, las enfermedades y el abandonado de tantos colaboradores, sin embargo, manifiestan la voluntad de seguir los pasos de Daniel Comboni. El espíritu misionero se transmite de unos a otros y de estos a su vez, a otros, y a otros, y a otros, así hasta nuestros días.

El itinerante Comboni concluye su peregrinación allí dónde se desvivió por los africanos, allí, junto a su "esposa", África. Apenas fallecido Comboni, se siguen seis años donde la tiniebla parece truncar una vez más el futuro de la misión africana, por dos motivos. En primer lugar, estalla la revolución madhista que da al traste con el pequeño florecimiento que comenzaba a surgir en las comunidades cristianas establecidas, destruyendo así lo difícilmente conseguido hasta entonces. En segundo lugar, porque empeora la situación de la sustitución de Comboni. Todo presagiaba un final sospechado, pero los acontecimientos demuestran lo contrario, evidenciando que de las cenizas de la misión africana vuelve a resurgir la llama de nuevos impulsos misioneros. Los frutos visibles de la itinerancia de Comboni comienzan a percibirse años después de su muerte. Los Institutos por él establecidos florecen también en otros institutos religiosos y laicales, que continúan a través de sus misioneros, misioneras y laicos, que encuentran en Comboni inspiración, y abrazan su carisma misionero y estilo de vida.

Reflexión: Los incómodos compañeros de camino.

En el itinerario de su vida, el misionero, a menudo, usa muletillas verbales, es decir, frases, axiomas o expresiones, que sirven de apoyo y animan en los momentos difíciles y de desconcierto. Las hemos mencionado a lo largo de estas páginas: «Yo muero, pero mi obra no morirá», «las obras de Dios nacen al pie de la cruz», «tener puestos los ojos fijos en Jesucristo», etc. Son frases que alientan en el caminar y a las que se recurre de forma reiterativa. Todas ellas, sin duda, nacen de su confianza en Dios y su amor a la Cruz, dos asideros en los que se apoya y con los que camina Comboni en el itinerario de su vida como Pastor, y que consuelan en medio de las tinieblas.

Aún en medio de tantas contrariedades sin fin, Comboni tiene la rara habilidad de ver los acontecimientos a la luz de la fe. No hay en él, en medio de la itinerancia sacrificada a la que se enfrenta continuamente, rastros de pesimismo o la tentación de abandonar la tarea. Siempre se le aparece en el horizonte, una luz que ilumina el análisis de los acontecimientos, y que pone un hilo de esperanza en lo que parecía humanamente imposible. El camino misionero le lleva a la convicción de que Dios es el Señor de la historia y de que los imposibles no lo son tanto porque «para Dios no hay nada imposible» (Lc 1, 37). Así, Comboni desafía los males que encuentra, pero también aporta una luz para enfrentarlos, y subyace en él la convicción de que, en medio de las adversidades, hay señales de que Dios continúa con él en la misión asignada.

En los últimos años de su vida, Comboni reafirma una espiritualidad basada no tanto en los resultados y los frutos, sino en las actitudes que sostienen al misionero en los momentos difíciles, destacando entre ellas la fidelidad. Resulta impactante analizar la fidelidad de Comboni con las categorías de hoy. Hay que aceptar que, en ciertos ámbitos de nuestra sociedad, la fidelidad no está de moda. Ser fiel hoy a una misión o a un compromiso de por vida, más bien tiene pocos adeptos. La sociedad se ha asegurado un compañero de camino tremendamente seductor que hace de cebo infalible: el dinero, el triunfo y el éxito a toda costa. No es que la fidelidad sea patrimonio exclusivo del perro o del caballo, animales tradicionalmente asociados a tal virtud, pero no cabe duda de que la infidelidad aparece abundantemente en nuestra sociedad, en un mundo cambiante y que está dificultando enormemente las relaciones de fidelidad entre las personas.

El misionero, no está exento de tales depredadores, y como tal, muchas veces se pueda sentir atrapado por su encanto. Porque, en definitiva, ¿es la fidelidad a una misión lo que caracteriza al misionero o el éxito de la misma? Una ojeada al misionero por excelencia, nos muestra a Jesús de Nazaret cuya misión lleva a término hasta el final sin que nada ni nadie le desvíe de hacer la voluntad de Dios. Lo que la sociedad considera habitualmente como fracaso aparente, que puede ser: el abandono frecuente de muchos, la incomprensión de los discípulos y sobre todo la muerte en cruz, para Cristo nada de eso cuenta, solamente cuenta «lo mío es hacer la voluntad del que me envió» (Jn 5, 30).

La fidelidad del misionero, como la de Cristo, está rodeada de logros y gratificaciones, conflictos e incertidumbres, donde la cruz se manifiesta como la prueba suprema de fidelidad a una misión. Pero el misionero es hijo de su tiempo y en el hoy de la historia se esperan de él resultados rápidos y éxitos sonados. En la vida de Jesús, esa crisis pasa por la soledad y el misterio de la cruz, antes de llegar a la Resurrección. El misionero tiene una misión a la que está llamado a ser fiel, tenga o no éxito, aunque esto no es algo que tenga que verse necesariamente en el trabajo actual del misionero, pues muy a menudo los frutos llegan después de su muerte, otros cosecharán lo que no sembraron. En la vida de Comboni se verifica lo arriba expuesto. A su muerte, todo lo que queda de él, de su Plan y de todos los esfuerzos es un misionero exhausto, agonizando en el lecho de muerte, con un grupo casi insignificante de compañeros. Pero de las cenizas y aparente fracaso, irrumpe una llama que iluminará otros caminos y acarreará frutos impensables. Su fidelidad es éxito, aunque sus ojos no sean testigos presenciales del mismo. Y, como profeta que lo es, fue pregonero de un mundo que él no vio, pero que sus seguidores mantienen y desarrollan.

La cruz deja al misionero a la intemperie, despojado de sí mismo y abierto a un Dios que, a veces, parece ausente y distante. Así refleja Comboni su paternidad espiritual con una dedicación y entrega total a la causa africana: «Y hoy, finalmente, recupero mi corazón volviendo junto a vosotros para abrirlo en vuestra presencia al sublime y religioso sentimiento de la paternidad espiritual, de la que Dios quiso que fuese investido... Sí; yo soy ya vuestro Padre, y vosotros sois mis hijos, y como tales por vez primera os abrazo y estrecho contra mi corazón... Yo vuelvo entre vosotros para ya nunca dejar de ser vuestro, y totalmente consagrado para siempre a vuestro mayor bien. El día y la noche, el sol y la lluvia me encontrarán igualmente y siempre dispuesto a atender vuestras necesidades espirituales; el rico y el pobre, el sano y el enfermo... Vuestro bien será el mío, y vuestras penas serán también las mías» (EE 3157-3158).

Pero la fidelidad es dificultosa y dolorosa, como le sucede al Maestro. El fracaso aparente se evidencia en el gentío, que primero le sigue pero que a las puertas de su muerte se evapora. Al final, hay una vida entregada a todos, pero sin aparentes resultados, a no ser su fidelidad a la misión asignada por Dios hasta la muerte en cruz. La cruz no tiene sentido sino es dentro de la fidelidad a una misión, nutrida por una espiritualidad hecha viva en el seguimiento. Es una fidelidad a una causa llena de esperanza. No basta con cargar la cruz, hay que cargarla como Cristo que «amó hasta el extremo» (Jn 13, 1). La figura del Buen Pastor que ofrece la vida por las ovejas acepta la pasión y el martirio por una finalidad pastoral y evangelizadora, la vida entregada por las ovejas.

En los últimos años de su vida, Comboni sufre adversidades que no duda en airear en sus escritos y cartas: «… no puedo ocultar que he padecido y sufrido sobremanera por todas las desgracias enumeradas. Tuve y tengo todavía el alma lacerada, porque he penado mucho; incluso yo mismo he tenido que luchar con muchos malestares y enfermedades, que padecí como otros misioneros de aquí. Ahora estoy un poco mejor, pero pasé tres meses de grandes padecimientos: cada vez que me llamaban al refectorio, me parecía como si me encaminase a la muerte. Durante tres meses, además de una terrible inapetencia tuve una extrema debilidad, hasta el punto de no resistir de pie lo suficiente para decir misa…» (EE 5363).

La enfermedad que Comboni había experimentado en carne propia y que presenció en tantos misioneros que se cruzaron en su vida, acarreaba consigo una fuerte dosis de soledad que de una u otra forma hiere el corazón del misionero, tanto a nivel físico, como mental y emocional. Más aún, Comboni ha experimentado la incapacidad de no poder hacer nada, sobre todo en lo que a las calumnias e injurias recibidas se refiere. Comboni envejece y los achaques y disminuciones que había visto en otros, los vive en primera persona.

Comboni también siente, que la esperanza acarrea y tiene sus pruebas. Allí donde otros veían locura, imposibilidad o frustración en cuanto a la misión africana se refiere, Comboni intuía futuro. No se queda enquistado en un pasado frustrante, sino que encara el futuro con la confianza puesta en Dios. Uno de los frutos de la esperanza de Comboni es la paciencia que tiene con todos en la implementación del Plan para la Regeneración de África. Las adversidades y contratiempos que soporta, nos presentan un panorama en el que habitan Dios, el misionero, el pueblo a él asignado y la Iglesia Universal. Pero, también existe el maligno, las estructuras de pecado y la carga de fragilidad que cada persona carga sobre sí.

154

Dios también en eso nos lleva la delantera, proponiendo su plan, que el misionero de África Central discierne en medio de la obscuridad de los acontecimientos, a través del discernimiento sobre los sucesos, los sentimientos, las personas, y sobre todo la escucha de la Palabra de Dios, en la cita diaria de oración con el Señor, para así poder entenderlos.

La esterilidad misionera no existe, ya que la mera presencia del misionero es evidencia de que el Reino se está realizando. Su consagración pública, su opción de por vida por los últimos y su salida para otros lugares a irradiar el sueño del Padre, aunque sea de forma silenciosa, reflejan una generatividad espiritual que produce vida. Incluso posibles y evidentes fracasos, a sus ojos y a los del mundo se convierten en éxitos en la pedagogía divina. ¡Cuántas situaciones de aparente tiniebla o fracaso en la vida de Comboni se han transformado en luz! Así lo expresa Comboni con realismo meridiano, cuando ya intuye el final de sus días: «Hoy cumplo 50 años. ¡Dios mío!, se vuelve uno viejo a la carrera, sin hacer nada. Bien es verdad que me encuentro ante un Vicariato –el más laborioso y difícil del mundo– que marcha bastante bien y llegado a un punto, merced a la gracia divina, que hace ocho años yo no habría creído nunca ver, dados los enormes obstáculos que vislumbraba, y a cuyo progreso Dios ha querido que yo también pudiera contribuir con mi granito de arena...» (EE 6561).

El primer fruto de la fidelidad es la presencia del misionero y su generatividad espiritual itinerante. Su rostro es el primer mensaje que la gente percibe antes de comenzar a hablar. La semilla del Reino de Dios germina, a pesar de que muchos no perciban nada especial. Tarea del misionero es sembrar y alentar en la marcha, se vean o no frutos visibles, y consciente de que no puede gestionar el ritmo y el tiempo de los mismos que está en las manos de Dios. El misionero no se rige por la mentalidad pragmática de la eficacia ni la dictadura de lo aparente y llamativo. Más bien al contrario, es consciente de que todo es gratuidad y donación. En la vida misionera hay que hablar más bien de una itinerancia marcada por la "generatividad espiritual" o "paternidad espiritual" que mencionaba Comboni en su discurso de Jartum. Puede sonar y suena a utópico e idealista o iluso a los ojos del mundo, pero para el que discierne y taladra la historia y sus acontecimientos, es signo de que Dios alienta en la marcha, aunque el misionero se debata entre su presencia y su ausencia.

Cada esfuerzo por el bien de la humanidad es un éxito, aunque permanezca invisible a los ojos del mundo. El misionero no es para sí, como la Iglesia no es para sí misma, sino para el mundo y para la humanidad, para perderse y hacerse grano de trigo machacado y enterrado, para engendrar nueva vida y esperanza en la vida de los pobres y en sus situaciones angustiosas. Hay pues, en el fondo de la vocación misionera una actitud generativa, aún mucho mayor que la genital. Es una experiencia de fecundidad consciente de que su vida, palabra y testimonio guiados por el Espíritu, producen vida y esperanza en el contexto en que uno vive, aunque esto no se puede evaluar por los parámetros de la sociedad, ni por gentes con una mentalidad chata, ni con discursos a ras de tierra, ni muchos menos medir con los parámetros del mundo.

Para meditar y orar

1. En la itinerancia misionera, a menudo, utilizamos frases, mantras o palabras que son referentes a la hora de afrontar las crisis y adversidades o de agradecer los beneficios recibidos a lo largo del camino. ¿Cuáles han sido esos referentes, iconos o paradigmas que me han ayudado a mí a afrontar todo eso?

2. Nos adentramos en la vida de Comboni en sus últimos años, y escuchamos, vemos, tocamos y sentimos las cruces de todo tipo, pero también esa capacidad de generatividad espiritual y misionera en la misión a él confiada, que comporta la esperanza cristiana. ¿Dónde está centrada mi esperanza y cuáles son los criterios que me guían en la vida?

3. Comboni nos ha revelado un aspecto muy concreto del Corazón de Jesucristo traspasado por amor a los más abandonados. Seguir el espíritu de Comboni significa que sus gestos, palabras y actitudes, son signos que nos alientan en el seguimiento de Cristo. ¿En qué medida es Comboni referente en

mis decisiones, en mi estilo de vida y en la pasión misionera en mí caminar?

Al orar entro en el corazón de Cristo al acercarse a su muerte. Igualmente, llego al corazón de Comboni en el lecho de muerte, y contemplo la fuerza que emerge de su figura en los últimos días de su vida. Veo y palpo las cruces de su itinerario espiritual y la fuerza del Espíritu que le habita y que continúa en la Iglesia misionera. Contemplo, así mismo, el pequeño grupo de los suyos a quienes Comboni urge a no abandonar la misión africana. ¿Pongo ante Jesucristo las esperanzas maltrechas y truncadas del caminar del mundo de la misión? Y le pido al grito de ¡levántate!, que ponga en pie esas esperanzas, como invocaba Jesús en muchos de sus milagros de sanación.

El último «adiós» del misionero itinerante

Comboni exhala su último «adiós» a la misión africana a los cincuenta años de edad. Lo que le llevó a una muerte temprana es más que evidente y puede resumirse en una vida entregada de alma, mente y corazón a la regeneración de la misión de África Central. Como trasfondo, señalamos las mismas razones que llevaron a una muerte temprana a otros muchos misioneros con el plus de haber tenido que lidiar con tantas situaciones adversas derivadas de la implementación del Plan y su responsabilidad episcopal. Además de las enfermedades, el desgaste personal de sus viajes, las calumnias que sufrió de la gente en quien confiaba, del escondido mundo de las relaciones interpersonales, las ansias de poder y prestigio humano y las tribulaciones sin cuento, también fueron cargas y cruces que tuvo que llevar hasta el final y agotaron su vida entregada a los demás.

El último capítulo de su vida y el más feliz, según diría él mismo, es el hecho de haber podido dar su vida por África, sentimiento que expresó a menudo en sus cartas: «estoy dispuesto a hacer cualquier sacrificio y a soportar las más duras fatigas e incomodidades –incluso me parecería muy leve y suave el sacrifico de mi sangre y de mi vida– por coadyuvar a que esta santa Obra sea llevada a cabo» (EE 594). Los resultados y frutos de Comboni, humanamente hablando, son más bien escasos y, a decir verdad, su muerte anunciaba para muchos el final de la obra "comboniana". Había sido una empresa misionera heroica y profética, sí, pero con pocos visos de continuidad. Sin embargo, los modos de hacer de Dios, y éste es el hilo conductor de la obra de Comboni, es que quien se deja guiar por el Señor, en el devenir de los acontecimientos, éstos adquieren otra lectura. Como en la vida de Jesucristo, en Comboni nos podemos preguntar ¿qué frutos y resultados de su Plan se perciben en el último suspiro del pastor del Vicariato de África Central?

Comboni es el paradigma del misionero y profeta en quien percibimos que con desparpajo y mucha osadía lleva a cabo la tarea misionera de anunciar y denunciar, sin enquistarse en discursos religiosos propios de su rango, e involucrado siempre en el barro donde están aparcados los más abandonados. Él tuvo la rara habilidad para adelantarse y, sin morderse la lengua, llamar a las cosas por su nombre, poniendo una nota de esperanza, pero también de condena contra el ninguneo y la mentalidad de desprecio, en boga, con respecto a los africanos. La carga profética que emana de su vida nos revela al misionero con una única pasión. Su voz se manifestó de forma nítida y no le tembló el pulso, ni le desgastó el miedo que asfixia, frena y hace languidecer el sinsentido de otros mensajes de desinterés por la misión de África Central.

Es alentador escuchar que los profetas no han muerto, y que el eco de sus voces –anuncio y denuncia– siguen proclamando la Verdad y sembrando esperanza en el corazón de los más necesitados y de las víctimas. Los profetas no coleccionan medallas, ni los resultados cuantitativos obstaculizan su misión que no es otra que la de transparentar a quien les envía. ¿Cómo ir contra corriente en una sociedad donde se aplaude el éxito a toda costa y se condena al anonimato lo que no lleva su marca? Cuando Comboni percibía que su voz no tenía eco, pasaba de la palabra al gesto, del púlpito a la acción concreta, de la carta pastoral a iniciativas nuevas que mostraran y delataran a los agentes de muerte. La acción concreta es un precepto obligatorio e ineludible en la mente y corazón del profeta y del misionero.

La complicidad del silencio delata al misionero y a un cierto tipo de Iglesia más preocupada por acuartelarse en sí misma y salvar la estructura, que por ir al encuentro del hermano necesitado. Hacen falta profetas, pero ni siquiera su palabra basta. Es necesaria la acción, el gesto, la iniciativa que llegue a la conciencia de la gente y a los ojos de los que gobiernan, cegados por su propia torpeza y egoísmo. Maestro en las situaciones de periferia, el misionero está expuesto a sorpresas de todo tipo. Quizá sea una de las más amargas, por la dificultad de asimilación y el impacto que tiene en el misionero, al ver que de la noche a la mañana el trabajo misionero de toda una vida se ve reducido a la nada, como sucedió a los pocos años de la muerte de Comboni con la Revolución Madhista.

Un compañero misionero en el norte de Uganda me comentaba hace unos años que, habiendo gastado los mejores treinta años de su vida en una misión esplendorosa, de repente todo quedó destruido. «Los soldados y la guerra, personificación del mal, arrasaron –decía– todo aquello que con nuestro esfuerzo, dedicación y ayudas solidarias de muchas personas habíamos construido durante muchos años. Es cierto que aquello que hemos construido con nuestras manos, el ladrillo, la piedra, la pared, la casa, el centro, el edificio… ha quedado destruido». Se quedó unos momentos pensativos y añadió emocionado: «Pero aquello que hemos construido con nuestra entrega de cada día, los gestos de amor que hemos mostrado a la gente, los intentos por crear nuevos lazos de hermandad y mejorar sus condiciones de vida, tanto espiritual como materialmente…eso nadie lo puede destruir, ni las balas ni el odio. Nadie ha podido arrancar ni quitar de nuestras manos el amor con que hemos amado a la gente, los gestos de amor tienen un sello de eternidad»

Esta es la impresión que deja en mi mente y en mi corazón la vida entregada de Comboni en favor de los africanos. Intuí en aquel compartir del misionero que había captado realidades que no se pueden dar por conseguidas: que Dios tiene su ritmo para cada pueblo, para cada persona, que el poder del mal está presente y encarnado allí donde se quiere implantar el Reino de Dios y que lo que en definitiva permanece es el amor y la entrega desinteresada a los más necesitados.

Concluyo, entonces, diciendo que el "más o menos" tiene poca importancia, al ver el grupo reducidísimo de compañeros alrededor de Comboni en los últimos momentos de su vida, e inspirado como se nos narra en la primera carta de San Pedro. También se subraya la esperanza de las pequeñas comunidades cristianas, donde anunciar a diestro y siniestro, es lo que importa y no el número, porque además contamos con la fuerza del Espíritu que nos acompaña siempre. En la carta de Pedro se subraya la esperanza de las pequeñas comunidades cristianas en el ambiente hostil del Imperio Romano.

El final de la vida de Comboni nos demuestra que se puede vivir en medio de la hostilidad y de la persecución. Nos reafirma que, aunque se viva en contextos ateos o en sistemas hostiles al espíritu del Evangelio, las pequeñas comunidades insignificantes en número, estructuras o influencia social, el discípulo y el misionero de Jesús son libres ante el sufrimiento porque saben que el sufrimiento es parte de su misión en el mundo. Y, que la historia donde vivimos es lugar privilegiado de salvación que nos asimila a Cristo muerto y resucitado, y que catapulta al misionero a manifestar la esperanza que viene de Dios, poniendo su testimonio de vida como ejemplo y punto de referencia.

Frases para la posteridad

«Nos vamos alegres y contentos, aunque debemos hacernos a la idea de que tenemos que trabajar mucho sin ver apenas frutos; mejor dicho, nuestra tarea será muy fecunda si logramos preparar y predisponer a aquellas almas, dejando que luego otros recojan los frutos» (EE 213).

«…Las obras de Dios, como sucede en los misteriosos procesos de la naturaleza creada, comienzan como una semilla minúscula que luego se desarrolla cada vez más, pasando del estado embrionario a una madurez cada vez mayor, y creciendo sólo un poco cada vez hasta alcanzar la perfección. Así tenía que ocurrir también a esta grandiosa obra de redentora caridad cristiana, que, sembrada sin ruido, como el evangélico grano de mostaza, brotó luego, y poco a poco crecerá para dar finalmente sus frutos» *(EE 2472)*.

«En una palabra, debe pensar frecuentemente que trabaja en una Obra de altísimo mérito, sí, pero sumamente ardua y laboriosa; y esto para ser él como una simple piedra escondida bajo tierra, que quizá nunca saldrá a la luz, y que pasa a formar parte de los cimientos de un nuevo y colosal edificio que sólo los que vengan detrás verán despuntar del suelo, elevarse poco a poco…El misionero de la *Nigrizia*, totalmente despojado de sí mismo y privado de todo humano consuelo, trabaja únicamente para su Dios, para las almas más abandonadas de la tierra y para la eternidad» *(EE 2890)*.

Epílogo

El 2023, coincide con el 150 aniversario de dos acontecimientos relevantes que subrayan la espiritualidad y sentido de la misión del apóstol de África Central: Uno, la homilía programática de Comboni en Jartum, el 11 de mayo de 1873. Y otro, la solemne consagración del Vicariato al Sagrado Corazón de Jesús en El-Obeid, el 14 de septiembre del mismo año.

Las reflexiones de este libro son fruto de la experiencia vivida por mí en la misión, de la iluminación de San Daniel Comboni y del deseo de compartir con otros que encuentren en el misionero de África Central una inspiración para su vida, como fruto de mis años, tanto en África como en China. «El Hijo de Papel» refleja la itinerancia geográfica, espiritual y mística del apóstol y misionero de África Central, San Daniel Comboni.

La insistencia en retomar la espiritualidad como prioridad en los varios Capítulos Generales de los Misioneros Combonianos en estos últimos años, y desde mi experiencia vivida en la itinerancia sobre todo en China, en las últimas tres décadas, me catapultaron a profundizar en la experiencia itinerante del apóstol de África Central, San Daniel Comboni, y ponerlo por escrito, para subrayar que la itinerancia es parte del ADN de nuestra vocación misionera.

La riqueza espiritual de Comboni, sus actitudes evangélicas y su empuje misionero, nos brindan una pedagogía misionera y una espiritualidad única e irrepetible para beber y saciar la sed en momentos en que la itinerancia se hace pesada y sombría, y los pies van cansados, heridos y doloridos por el constante caminar. El modo de, como Comboni afrontó la misión, su espiritualidad de la cruz, su sentido Eclesial y Sinodal, su confianza en la Providencia y el convencimiento de que Dios acompaña a aquel a quien envía, me han llevado a enmarcar la itinerancia como característica esencial de cualquier carisma y espiritualidad misioneros. Una itinerancia más necesaria hoy que nunca cuando se oyen voces en toda parte, que airean que "todo es misión", y que "aquí donde yo estoy está la verdadera misión".

He subrayado los acontecimientos más relevantes del itinerario misionero de Comboni. Me he adentrado en su vida, analizando y tratando de ver una lectura misionera de la misma bajo la perspectiva de su itinerario vital. Desde el inicio, con la "marca de la casa" y su impacto familiar, hasta su último "a-dios", he buceado los acontecimientos y realidades personales, sociales, históricas, y los varios hitos en su camino, y también en sus éxitos y fracasos, gozos y esperanzas.

Poder ver todo este entramado desde el *dron* de Dios y con sus ojos, viendo las mediaciones que Él puso en el camino de Comboni, nos ayuda a continuar con renovados bríos la fascinante tarea de irradiar el mensaje y la persona de Jesús por doquier. La tarea misionera del sembrar y permanecer «fijos los ojos en Jesucristo», nos da serenidad y familiaridad, hasta en los movimientos imprevistos del Espíritu. En el recorrido de su itinerancia misionera, Comboni nos muestra esa llamarada misionera que nace, crece, se clarifica, se afirma y también nos enseña su lado martirial a través de su continua itinerancia.

Su primera breve experiencia africana le dio alas para buscar nuevas formas de ver la misión africana. Sus itinerancias posteriores le van aclarando que hay que asumir riesgos y pagar de persona en el camino del abajamiento y de la entrega por la causa por los más desheredados, a la que fue llamado desde su juventud.

Finalmente, esa antorcha misionera que pasó a otros, continúa iluminando caminos y encendiendo corazones. Una itinerancia que el misionero continúa encarnando hoy para acercar a la humanidad al corazón de Dios.

Bibliografía

AA.VV. *El Mensaje de Daniel Comboni*. Madrid, 1980.

AGASSO, D.: *Daniel Comboni, Profeta de África*. Madrid, 1988.

DANIEL COMBONI. *Escritos*. Madrid, 1996.

GRANCELLI, M. *Monseñor Daniel Comboni e la missione dell'Africa Centrale*. Istituto Missione Africane, Verona, 1923.

LOZANO, J. M. *Daniel Comboni, misionero y profeta*. Madrid,1995.

MASSERDOTTI, F. *La Misión al servicio del Reino*. Madrid, 1997.

PIERLI, F. *Nel Primo Centenario della Morte, Studium Combonianum*. Roma, 1982.

Positio super virtutibus heroicis. Para el proceso de Canonización de Daniel Comboni. Roma, 1994.

TREBESCHI, M. *La missione come pellegrinaggio in San Daniele Comboni*. Verona, 2013.

Agradecimientos

Mi más sincero agradecimiento a las personas que me han transmitido y continúan transmitiendo el carisma misionero comboniano. Agradecimiento también a aquellos que con su labor callada o aireada me inspiraron a apostar por la misión difícil, con sus expectativas, utopías y dificultades. También al Hno. Arístides Holgado, mccj, hermano comboniano que con mucho gusto ayudó a revisar el texto del manuscrito y aportar sus valiosas observaciones.

Y a todas las personas que alzan su voz en favor de la misión, en lugares difíciles y recónditos. A todos aquellos que nos recuerdan la inestimable necesidad del envío a la misión difícil. Y a toda la Iglesia itinerante, tentada a remar en aguas mansas y sobradamente familiares, con el consiguiente peligro de acomodarse ante la falta de pasión por la misión.

Y, finalmente, a los que viven y trabajan por el Reino de Dios en medio de la persecución. Que con ojos abiertos percibamos la imperiosa necesidad del envío de misioneros, con pasión y desparpajo, a las periferias de la humanidad.